中国名镇志文化工程
Culture Project of Local Records of China's Famous Towns
中　国　名　镇　志　丛　书

光禄镇志

LOCAL RECORDS OF GUANGLU

云南省姚安县光禄镇志编纂委员会　编

方志出版社
Publishing House of Local Records

图书在版编目（CIP）数据

光禄镇志 / 云南省姚安县光禄镇志编纂委员会编 .
北京：方志出版社，2023.12
（中国名镇志丛书）
ISBN 978-7-5144-5543-4

Ⅰ . ①光… Ⅱ . ①云… Ⅲ . ①乡镇—地方志—姚安县
Ⅳ . ① K297.45

中国国家版本馆 CIP 数据核字（2023）第 231827 号

责任编辑：陈菁
责任校对：刘玉霞
责任印制：梅中英
出 版 者：方志出版社
地　　址：北京市朝阳区潘家园东里 9 号（国家方志馆 4 层）
邮　　编：100021
网　　址：http://www.zgfzcb.cn
发　　行：方志出版社图书营销中心（010-67110500）
印　　刷：北京中科印刷有限公司
开　　本：787 毫米 ×1092 毫米　1/16
印　　张：14.25
字　　数：245 千字
版　　次：2023 年 12 月第 1 版
印　　次：2023 年 12 月第 1 次印刷
定　　价：115.00 元

序一

习近平总书记指出："不忘历史才能开辟未来，善于继承才能善于创新……只有坚持从历史走向未来，从延续民族文化血脉中开拓前进，我们才能做好今天的事业。"中国优秀传统文化是在漫长的历史长河中历经无数次涤荡和沉淀而形成的思想精髓，蕴藏着无穷的宝藏和无尽的力量。发掘和继承优秀传统文化，是延续中华文明"根"与"魂"的必由之路。与时俱进，推动传统文化不断开拓创新，是中华文明常葆勃勃生机的重要保证。

"国有史，邑有志。"编修地方志是中国特有的文化现象，是中华民族的优秀文化传统。数千年来，连绵不断的志书编修为保护中华民族根脉，传承中华文明发挥了不可替代的作用。中国现存古志有8000余种，占现存古籍的十分之一。中华人民共和国成立以来，编修完成数万种省、市、县三级综合性行政区域志、部门志、行业志、专志等，编纂数万种地方综合年鉴、行业年鉴和专门年鉴等，整理出版数千种历代方志及相关研究成果，发表相当数量的方志理论与年鉴理论研究成果。这既是对我国国情、地情持续开展的大规模普遍调查，也是对各地自然与社会发展状况进行的综合研究，其成果构成了一座丰富的文化资源宝藏，为各级领导科学决策提供了重要参考，为推动经济社会发展和文化建设发挥了重要作用。

当前，中国特色社会主义进入新时代，全国地方志事业也进入新时代。如今的地方志事业围绕党和国家利益、经济社会发展，以人民为中心开拓创新，志、鉴、馆、史"四驾马车"并驾齐驱，志、鉴、馆、网、库、用、会、刊、研、史"十业并举"，加快实现在全国范围内全面推进地方志从一项工作向一项事业转型升级。在党中央、国务院的亲切关怀和各级地方志工作者的共同努力下，一批紧密结合社会发展需求、具有独特创造性的工作逐步开展，涵盖中国名镇志、中国名村志、中国名山志、中国名水志、中国名街志等"名志"系列文化工程是其中代表。作为首个"名志"系列文化工程的中国名镇志文化工程，启动于2015年，至今已是第三个年头。中国名镇志丛书在记述主体上，选择中国历史文化名镇、经济强镇、特色镇等在全国具有影响力和代表性的乡镇，旨在全面展示中国名镇的文化精髓；在内容题材选择上，重在突出不同名镇的“名”和“特”，力求集中体现不同名镇最精彩的部分，增强可读性；在志书编纂程序设置方面，志书申报、篇目设计、专家审读、专家组验收等流程环环相扣，紧密结合，力争把每一部志书都打造成精品佳志。

习近平总书记指出：“历史和现实都表明，一个抛弃了或者背叛了自己历史文化的民族，不仅不可能发展起来，而且很可能上演一场历史悲剧。”2018年是改革开放40周年，40年来中华大地发生了翻天覆地的变化，乡镇发生了极为深刻的改变，从粗茶淡饭到有机食品，从粗布衣裙到精美时装，从土屋平房到高楼大厦，人民生活水平大大提高，城乡差距不断缩小。然而，在感受辉煌成就的同时，我们也应该看到，许多精巧的古建、精湛的工艺、亲切的乡音、独特的乡俗也在快节奏的发展中与我们渐行渐远，曾经的家乡正逐渐变为记忆中的故园。

党的十九大报告提出乡村振兴战略，此后党中央、国务院又推出一系列重大举措。实施乡村振兴战略，必须全面加强乡村文化建设，培养乡村文化自信，培植文化之“根”，铸牢文化之“魂”。没有乡村文化的高度自信，没有乡村文化的繁荣发展，就难以实现乡村振兴的伟大使命。振兴乡村文化，既要塑形，更要铸魂，必须遵循乡村发展的客观规律，在发展中把文化的精髓保留下来，把乡土味道、乡村风貌的“魂”传承下去。在保留优秀乡村文化内核的基础上，用现代表现方式，把反映时代精神、先进理念的内容通过群众喜闻乐见的文化产品表达出来，才能够让乡土文化具有更强大的生命力。用创新性的模式书写乡镇志，传承和抢救乡土历史文化，激发爱国爱乡情怀，为探索中国特色新型城镇化发展经验、发展模式、发展道路提供历史智慧和现实借鉴，正是实施中国名镇志文化工程的目的和意义所在。

“月是故乡明”。中国人素有“家国情怀”，家乡的山水是最为美丽的，家乡的风俗是充满温暖的，一声亲切的乡音，一口熟悉的家乡菜，都能拨动游子的心弦，让其魂牵梦萦。中国名镇志丛书是一套全面梳理中国名镇历史人文，挖掘文化特色，突出“名”和“特”的镇志。它能让人民群众深刻感受到本土本乡自然的优美、历史的醇厚、人物的杰出、艺文的风雅等，有助于培养人民群众对家乡文化的自信，激发起人民群众浓烈的爱乡爱国情怀，助力国家新型城镇化建设和乡村振兴战略的实施。

是为序。

中国社会科学院原院长
中国地方志指导小组原组长　谢伏瞻

序二

连绵不断地编修地方志是我国特有的文化传统，为传承中华文明作出了巨大的贡献。在党中央、国务院的高度重视和支持下，这一古老的文化传统焕发勃勃生机，展现新的活力，成为保存、继承、发扬光大中华优秀传统文化的重要依托，培育和践行社会主义核心价值观的重要媒介，社会主义先进文化建设的重要组成部分，发展中国特色社会主义，增强道路自信、制度自信、理论自信的重要载体，在实现“两个一百年”奋斗目标和中华民族伟大复兴中国梦进程中具有不可替代的地位和作用。

事物总是在不断发展中前进。经过改革开放以来30余年的发展，中国特色地方志事业与传统的编修地方志已不可同日而语，形成了志（志书）、鉴（年鉴）、库（地情数据库）、馆（方志馆）、网（地情网站）、刊（期刊）、会（学会）、研（理论研究）、用（开发利用）等多业并举的新格局。截至2015年10月底，全国编纂完成首轮、二轮省、市、县志书8000多种，编修部门志、行业志、专业志、乡镇村志27000多种，编纂地方综合年鉴2300多种，累计整理旧志2500多种，还编纂出版了大量的地情书，字数以百亿计，形成以反映国情、地情为主要内容，全面系统、持续不断、卷帙浩繁的社会科学成果群。另外，还开通了27个省级网站、230个市级网站、816个县级网站；建成国家方志馆1个、省级方志馆16个、市级方志馆86个、县级方志馆近300个。这些成果，成为国家极为重要的文化资源，是国家文化软实力和公共文化服务体系的重要组成部分。

最近几年，地方志工作的触角在不断延伸，部门志、行业志、专业志、特色志、乡镇村志编纂方兴未艾，成为当前地方志事业发展新的增长点和亮点。特别是乡镇志，兴起了编纂热潮，从自发的民间行为逐渐过渡为政府组织的文化行为，有的省份以政府令形式将其纳入地方志编修范畴，像河南省还以省政府办公厅名义要求全省普修乡镇志。乡镇志并不是一个新生事物，据现有资料可考，宋代常棠所撰《澉水志》是现存最早的一部乡镇志。与省、市、县三级志书相比，乡镇志虽属小志，但意义却不小，特别是在当前国家全力推进新型城镇化建设的背景下，乡镇志的作用更显重要。

启动中国名镇志文化工程，是适应当前新型城镇化建设形势发展需要、地方志事业发展形势需要的重要举措，也是充分发挥地方志存史、资政、育人功能的重要手段。作为最基层行政组织的志书，镇志是最接近中国社会发展变迁的国情、地情记录文本，具有重要的历史文献价值。而作为充分反映本区域自然、政治、经济、文化和社会的历史与现状的资料性文献，镇志又能全面展示发展脉络，摸索发展经验，为探索中国乡镇未来发展方向提供借鉴和参考。当然，对于祖祖辈辈生于斯长于斯的中国人来说，故乡就是一个魂牵梦萦的地方，故乡的情怀终生难忘。留得住乡愁，记得住乡思，充分展示名镇文化魅力，激发爱乡、爱国情怀，正是中国名镇志文化工程题中应有之义。

是为序。

中国社会科学院原院长
中国地方志指导小组原组长　王伟光

序三

“国有史，邑有志”，中国自古就有注重编史修志的传统。按照我国目前地方志行政法规，国家各级地方志机构的法定职责是编纂省、市、县三级志书，并不包括县以下的乡镇志和村志。这种规定，一方面可能因为全国有数百万自然村落和数万乡镇，全部实行官修很难实现；另一方面可能因为我国历史上就有“皇权止于县”的说法，县以下的民间社会历来是一个以自治为主的领域。然而，改革开放几十年来，我国社会正在发生巨变，这种巨变在基层社会的乡镇、村落、家庭领域更为深刻。作为“乡之首，城之尾”的镇，逐渐被日益崛起的大都市淹没了光彩，村落在快速的城镇化过程中每天都在大量消失，农村家庭的小型化、空巢化趋势非常突出。在这种情况下，我一直在思考，如何留得住历史文化记忆和乡愁，如何把修志的工作向基层社会延伸？

中国人的“家国情怀”，是从“诚意、正心、修身”开始，到实现“齐家、治国、平天下”。所以从国家一统志，省、市、县三级志，到乡镇志、村志、家谱，也是一个完整的系统。

正是在这种背景下，我们决定启动中国名镇志文化工程。乡镇是无数中国人生命的底色和成长的摇篮。如何在城镇化进程中，留得住乡愁，记得住乡音，忘不了乡思，事关城镇化进程的人文关怀和文化保护，事关文化血脉的传承。同时，科学记录城镇化进程，反映城镇化成就，也为今后探索城镇化发展规律、积累经验提供了基本素材。作为全面系统记述一定行政区域的自然、政治、经济、文化和社会的资料性文献，志书是以上功能最好的载体。

我国目前有 4 万多个乡镇，全部修乡镇志还不具备条件。中国名镇志丛书选择的是传统文化名镇、历史军事重镇、革命历史名镇、民族特色名镇、特色经济名镇、旅游景观名镇等类型的乡镇，应该是最具代表性的，在中国乡镇文化传承和社会发展中具有标杆意义。

编纂中国名镇志丛书是对乡土历史文化的保护。随着城镇化进程加快，有不少乡镇被撤并，有些还是在历史上有重要意义的历史文化名镇、特色镇等。如不及时对其历史进行整理、记录，这些重要的历史资料将散佚殆尽。因此，中国名镇志丛书的编纂是对宝贵历史资料的抢救。

编纂中国名镇志丛书是对乡土意识的传承。什么东西有魅力？故乡的山水，乡音乡情的记忆，乡土的气息和家乡菜的味道，不管走到哪里，总是触动心弦。中国名镇志丛书记录的是家乡的山山水水，家乡的历史文化，家乡的风土人情，留住的是乡愁。这些最能激发远方游子和本地民众的爱乡情怀、爱国情怀。

编纂中国名镇志丛书是一种学术探索。镇志的编纂，实质也是一次深入的社会调查研究。“麻雀虽小五脏俱全”，相比省、市、县，乡镇第一手资料的获得需要付出更大的努力。我们也希望在志书编纂上有所创新，使中国名镇志丛书成为一套图文并茂、雅俗共赏的新型志书。

中国社会科学院原副院长
中国地方志指导小组原常务副组长　李培林

云南省姚安县光禄镇志编纂委员会

主　　任　雷　波　林帮荣

副 主 任　李进财　李效武　杨家仙

委　　员　王建华　张家云　彭海荣　罗晓梅　王劲锋　董永红　宋颖鑫　李志华　杨文昌　周顺荣　高　怡　周福兴　王柳春

审　　稿　周有方　白云鹏　朱卫明　杜晋宏　杞华仙　向　明

云南省姚安县光禄镇志编辑部

主　　编　高　怡　周福兴　朱德宣

副 主 编　张晓俊　王柳春　李晓玲

编　　辑　吴桂华　毕小娜　罗瑞铭　李　俊　李茂丽　黄　瑶　解晓舟　李永英　阮映伟　罗文花　徐　燕　呼家统　金永高　曹　勇　刘钐言

云南省地方志编纂委员会办公室

终　审　袁丽萍　赵　芳　方爱琴　代燕春　张炳贵　宣　勤　郑灵琳　何　燕　彭利侯

中国名镇志丛书凡例

一、以马克思列宁主义、毛泽东思想、邓小平理论、“三个代表”重要思想、科学发展观、习近平新时代中国特色社会主义思想为指导，坚持辩证唯物主义和历史唯物主义的立场、观点和方法，存真求实，全面、客观、系统记述中国名镇城镇化进程和改革开放成果，反映小康社会建设过程，传承和抢救乡土历史文化，激发爱国爱乡情怀，留住乡愁，为探索中国特色新型城镇化建设、服务乡村振兴战略提供历史智慧和现实借鉴。

二、为全面反映入志事物发展脉络，各志上限尽量追溯至事物发端，下限一般断至各志启动编修年份，个别重大事项可延至搁笔。详今明古，着重反映时代特色和地方特点，重点体现各镇的“名”与“特”。

三、记述地域范围以下限年份的行政辖区为主。为体现名镇在更大区域内的意义，可以从更开阔的区域视野记述与该镇相关的内容。

四、统一采用纲目体，设类目、分目、条目三个层次。横排门类，纵述史实，述而不论。

五、综合运用述、记、志、传、图、表、录等体裁，以志体为主。体裁运用适当创新，篇目设置不求面面俱到。

六、除引用文字和附录文献资料外，统一使用规范的现代语体文记述，行文力求朴实、严谨、简洁、流畅、优美，可读性强。

七、人物部类遵循“生不立传”原则，人物传主按生年排序，只选录对本镇发展有重大影响的人物，不面面俱到。

八、各项数据一般采用国家统计部门数据。数据缺乏的，采用主管部门或主办单位正式提供的数据。

九、数字用法、标点符号用法分别采用国家标准《出版物上数字用法》（GB/T 15835 —2011）、《标点符号用法》（GB/T 15834—2011），计量单位采用国家技术监督局 1993 年 12 月发布的《量和单位》系列国家标准。历史上使用的计量单位，如斗、石、里、尺、磅、华氏度等，在引文时可照录。考虑到社会使用习惯，全书中亩不统一换算。

十、中华民国成立前的纪年，使用朝代年号纪年，括注公元年份；中华民国成立后的纪年，均使用公元纪年。志中所称“解放前（后）”，以该镇解放日为界；“新中国成立前（后）”，以中华人民共和国成立日 1949 年 10 月 1 日为界；“改革开放前（后）”，以 1978 年 12 月中共十一届三中全会召开为界。本志“×× 年代”，凡未加世纪者，均指 20 世纪。

十一、为节省篇幅，避免重复，本志采用条目互见法。参见条目的表示形式为：参见本志“×× 类目 · ×× 分目 · ×× 条目”。

十二、对旧志、古籍中的繁体字、冷僻字一般用简化字或通用字替换，易引起误解的则保留。

十三、记述各个历史时期的党派、机构、职务、地名等，均以当时的名称为准。对频繁使用的名称，首次用全称并括注简称，其后用简称。

十四、各镇志需要单独说明的事项，均在各自编后记中记述。

光禄镇在中国的位置

审图号：GS（2023）2377号

光禄镇在云南省的位置

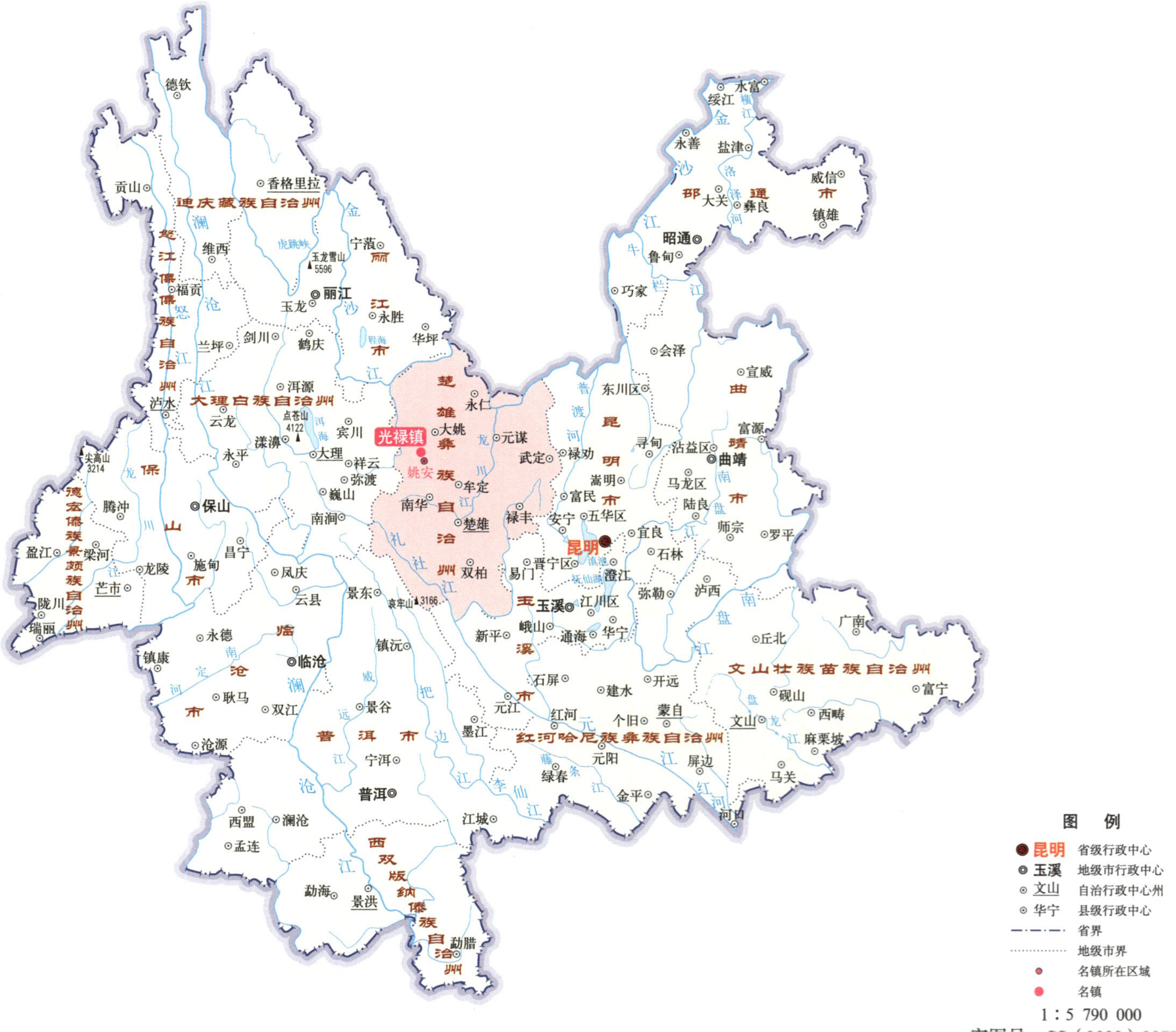

光禄镇
姚安
昆明
玉溪
曲靖
昭通
丽江
保山
临沧
普洱
楚雄
大理
文山
迪庆藏族自治州
怒江傈僳族自治州
大理白族自治州
楚雄彝族自治州
红河哈尼族彝族自治州
文山壮族苗族自治州
西双版纳傣族自治州
德宏傣族景颇族自治州
玉龙雪山 5596
点苍山 4122
哀牢山 3166
尖高山 3214
图 例
昆明 省级行政中心
玉溪 地级市行政中心
文山 自治行政中心州
华宁 县级行政中心
省界
地级市界
名镇所在区域
名镇
1 : 5 790 000

姚安县光禄镇行政区划图

光禄镇概貌（2019年）

光禄古镇全貌（2022 年）

2018 年建成的光禄古镇牌楼（2018 年）

长征国家文化公园姚安纪念馆（2023 年）

元代建姚安路军民总管府——勤勉堂（2016 年）

建于 1936 年的高雪君祠（2020 年）

光禄古镇东关门楼（2022 年）

俯瞰龙华寺（2019 年）

三丰祠雪景（2022 年）

光禄古镇荷塘（2013 年）

光禄食用玫瑰种植基地（2018 年）

目录

千年古镇　幸福光禄

光禄，位于出川入滇的重要节点，自古是滇中高原富庶之地。自西汉置弄栋县开始，光禄见证了云南两千余年的历史变迁，是古代朝廷治滇稳疆的重镇。悠久的历史积淀了光禄镇丰富的文化资源，境内古城、古寺、古塔等文物古迹众多，龙华寺为全国重点文物保护单位，光禄古镇回型街、姚安古衙保存较为完整，素有“迤西文化名邦”“花灯之乡”的美誉，是闻名滇中的千年名府。随着光禄古镇旅游开发，“荷塘人家”、东方玫瑰谷、百果园等农旅融合的田园休闲景点，充分展现了农耕文明独特的“乡愁”“乡味”。

古代治滇重镇

光禄镇位于云南省中部偏西北地区，地处一马平川的姚安坝子下游，蜻蛉河从南向北流经镇域东部坝子，发源于森林茂密的花椒园梁子后的大康郎河，流经光禄镇西边坝子，两条河流汇集之后，在地势较低的区域形成广阔的沼泽地，这就是现在“草海”“吴海”两个地名的由来。直至 1956 年 4 月，开凿赵家丫口排洪道，“草海”逐步被开垦成为农田。

古时候，光禄地区是中原进入滇池和洱海地区的交通要道，也是南方丝绸之路、姚嶲古道的重要节点。古代姚安地区，东可到达滇池地区，西能控制洱海地区，故后人以“六诏之中分，三川之门户，南中之锁钥”来形容其地理区位之重要，因此光禄也成为兵家必争的战略要地。早在先秦时期，人们就在光禄山麓、高陀山等地势较高的区域建房筑城，在水利灌溉条件好的地带开垦耕地，逐渐在群山连绵的滇中高原上形成难得的“富庶之地”。战国后期，楚将庄蹻入滇，派遣其部将小卜征服滇西地区。小卜不幸战死于姚安，其士卒驻守姚安地区，光禄也就随之归属古滇国，自此开启了与楚地文明之间的联系和交流。西汉元封二年（前 109），汉朝军队消灭劳浸、靡莫后，滇王投降，在其地设益州郡，弄栋县为益州郡下设二十四县之一。弄栋县城在今光禄镇旧城村委会的高陀山，自此光禄成为云南第一批被纳入汉朝版图的地区之一，也是云南省内为数不多的最早设置县治的地方之一。

大理国时期，改弄栋府为姚府（别称统矢府）。南宋绍兴元年（1131），也就是大理国保天三年，段正严封相国高泰明之子高明清为姚府演习，光禄为高氏封地，府治在光禄，姚府时为大理国时期八大名府之一。蒙古蒙哥汗七年（1257）设统矢千户所，元至元十二年（1275）设姚州。元天历元年（1328），为了稳定云南行省对滇西地区的控制，遏制大理路段氏势力的扩张，朝廷从“姚人安，则滇政府无西顾之忧”的战略考虑，升

光禄古镇福禄广场入口牌坊（2020 年）

姚州为姚安路军民总管府，府治设在光禄，自此有了“姚安”之名，光禄也成为元朝中后期滇中地区政治、经济、文化中心，在云南的历史进程中发挥了极其重要的作用。明清时期，高氏家族世袭姚安府、姚州土官。至清雍正三年（1725），姚安府土府同知高厚德谪戍江南，结束高氏家族对姚安府土官的世袭。清光绪十年（1884），高复兴袭姚州土官，成为最后一任姚州高氏土官。姚安府、姚州的政治中心，从光禄逐步转移到如今的姚安县城。

在 2000 余年的历史长河中，光禄旧城的高陀山是西汉弄栋县城所在地，大理国时期光禄是高氏封地，光禄古镇是元朝姚安路军民总管府所在地，明清时期光禄是姚州土衙所在地。西汉置弄栋县、唐代“天宝战争”等重大历史事件的发生，都涉及古代姚州大地，因此光禄成为古代朝廷治滇之重镇，素有“一座姚州城，半部云南史”之说。

迤西文献名邦

悠久的历史孕育底蕴深厚的民族文化。历代王朝在光禄这片土地上既有征战讨伐，又有安抚稳定，留下了古城、古寺、古塔、古井、古文献等众多文物遗存，使其赢得了“迤西文献名邦”“花灯之乡”的美誉。截至 2020 年年末，光禄镇境内有文物保护单位 12 个。其中，龙华寺为全国重点文物保护单位，元代姚安路军民总管府为省级文物保护单位，西汉弄栋城遗址和建于清代的文昌宫为州级文物保护单位。光禄镇现有非物质文化遗产保护项目 4 个，非物质文化遗产传承人 21 人，其中“小邑拉花”“姚安坝子腔”为国家级非物质文化遗产。

自西汉开始，众多外地官员和文人来到光禄地区，留下大量诗词佳作，对光禄地区文化、教育事业发展产生了很大的影响。唐代李善、骆宾王等留下了有关姚州的诗作。明朝李贽任姚安知府期间开设三台书院，留下《光明宫记》《龙山说》《论政篇》等诗

开展传统文化教育（2019 年）

文，培养了陶珽、郭万明等弟子。高奣映、马驷良、张廷用、赵鹤清、钱世禄等光禄文化名人著有许多诗文。其中，高奣映著述 80 余种；赵鹤清画作《滇南名胜图》蜚声海外，国画《墨兔》在 1915 年巴拿马万国博览会展出并获得金质奖。现今收藏的珍贵书画和文献有《高量成画像》、《径山藏》、《西湖送别图》（张炤）、《高氏族谱》等，其中原藏于光禄龙华寺和至德寺的《径山藏》是海内孤本，具有极高的研究价值。

自古以来，光禄具有多元、包容的文化传统。佛教、道教、土主信仰在这里并存，汉族、彝族、白族文化相互融合，形成了独特的宗教信仰、民间信仰和建筑风格。境内有龙华寺、至德寺、栖霞寺、观音寺、慧龙庵等寺庙，惜多数已只剩遗址，而始建于唐天祐年间（904—907）的龙华寺仍是滇中地区保存较为完好的寺院之一。龙华寺为宫廷式古建筑，融合汉、彝、白等民族建筑风格，寺内的木雕、砖雕、石雕堪称“三绝”，大雄宝殿的木雕佛龛、门窗，以及寺内建筑彩绘的规模和精美程度为国内罕见。龙华寺东南侧为三丰祠，东北边有送子娘娘殿、龙王殿等神祠，形成多种信仰包容融合、和谐共生的社会文化现象。明清时代修建的杨家大院、高曾焕旧居等民居，融合汉、彝、白等民族建筑风格。民国时期修建的高雪君祠，为中西合璧的法式建筑，巧妙融合了中西文化元素。光禄古镇几经修整，仍保留着大量的古街巷、古建筑，整个古镇呈“坤”字形，街道以回型街为中心，通过东关、南关、西关、北关连通城外。始建于元代的姚安路军民总管府一重堂，具有蒙古马鞍形的建筑特征。

田园休闲之乡

光禄镇 60% 的区域面积为平坝，光禄古镇周边土地平畴广川，自然风光优美，现代特色农业庄园蓬勃发展，是“文旅结合”“农旅结合”“四季花海”的田园休闲之乡。2017 年 4 月，光禄古镇被批准为国家 AAAA 级旅游景区。2019 年 1 月，住房和城乡建设部、国家文物局公布光禄镇为第七批中国历史文化名镇之一。 光禄古镇历史文化和农耕文化厚重。古时候，“佛寺寻春”“凤岫雪梨”“小桥新柳”“佛院探幽”“高陀夕照”“镜溯夜月”“登瀛晚眺”“西来赏桂”光禄八境，曾经让文人墨客留下许多诗画佳作。如今的光禄古镇仍然保存了军民总管府、回型街、龙华寺等具有历史文化印记的景点，2013 年以来还打造了东方玫瑰谷、百果园、光禄印象等一批现代农业庄园，建设光禄古镇牌楼、游客接待中心、高府林苑酒店、智慧旅游等旅游基础设施，景区规模不断拓展，旅游设施日趋完善。以历史文化作为光禄旅游的灵魂，以田园观光作为特色旅游的拓展空间，让旅客体验乡村生活，记住乡愁。每年农历二月初八举行盛大的“龙华会”，7—10 月举行“荷花节”，秋天收获季节举办“牛展会”，每周定期在福禄广场举行文艺活动。这一系列活动中，游客可以欣赏诙谐幽默的“小邑拉花”表演，听“姚安坝子腔”“牛歌”演唱，体验不一样的风土人情。

光禄古镇是一个可以“四季赏花”的地方。春天广阔的田野上开满金黄的油菜花，“五一”假期东方玫瑰谷的鲜花如期盛开，夏秋季节千亩荷塘的荷花争奇斗艳，即使在

百果园全景（2020 年）

稍微寒冷的冬天也可以欣赏梅花和光禄山麓随风飘落的枫叶。随着县城至光禄福禄大道沿线花卉产业带的建设，福光村建成了花卉基地，公路沿线建成了一大批标准化的花卉种植大棚，昆明国际花卉拍卖中心等企业纷纷到光禄发展花卉产业。不管什么季节，来到光禄就如同走进“花的海洋”。

光禄古镇是一个能够发现美食、享受美食的地方。这里出产乳鸽、莲藕、山药、百合、野生菌等土特产品，用炒、煮、蒸、烤等烹饪方式，为游客献上各式美味佳肴。不管游客什么季节到光禄，无论在街边小店还是特色餐厅，都能够发现不一样的美食，满足舌尖上的享受。当游客路过街边小店，可品尝一碗臭豆腐米线或者卷粉，夏天还能喝上一碗清爽的凉虾。在古镇回型街边的食馆，可以品尝腐乳、豆瓣酱、乳鸽、套肠等光禄特色美食。在荷塘边的农家乐餐厅，游客在欣赏美景的同时，还可品尝玫瑰米酒羹、土鸡炖松茸等生态美食。在一片鲜红的玫瑰谷，游客可畅饮一杯清凉的玫瑰花露，临走还可以带上一些赠送亲友的鲜花饼、玫瑰花茶等特色食品。

美丽幸福家园

光禄是云南省内开发较早的地区之一，经济、文化、教育等事业曾经走在姚安乃至云南省的前列。明嘉靖年间（1522—1566），光禄地区“植桑麻，务织纺”，民国时期开始推广烤烟种植，至今蚕桑、烤烟仍为传统支柱产业。民国时期，赵鹤清创办姚安机械织布局，光禄地区纺织工艺较为发达。2013 年以后，围绕姚安县产业发展总体布局，光禄镇在草海村建设“万头肉牛”项目，在南永公路沿线草海、江尾、班刘、小邑等村委会发展蔬菜有机化生产，在吴海、新庄、后营建设 3 个蚕桑基地，在福禄大道沿线及福光何福新村至江尾小新桥建设花卉基地。农业产业在逐步向产业化、基地化、有机化发展的同时，还结合光禄古镇旅游开发，建设花卉基地、蔬菜基地和肉牛生产基地，为广大游客提供种植、采摘体验。潘祥记、彝人制造等食品加工企业生产的鲜花饼、藕粉、魔芋精粉等特色产品，为游客提供“伴手礼”。

光禄是一个具有改革创新精神的地方。清朝末年，马驷良解甲回乡，重建凤岫书院，创办女学，聘请美国学者郭凤石教授英语，开创了姚安聘请外国教员的先河。1947年，成立幼稚班，1952年在光禄镇武庙开设姚安县第一所幼儿园，开创了姚安学前教育之先河。1952年10月，光禄供销社开业，为姚安县第一家集体商业。1958年，光禄公社在楚雄州率先实现公社化。从2012年开始，实施朝阳新村建设项目；2017年，光禄社区朝阳新村获得全国文明村荣誉称号。2014年，福光村委会何家村被列为楚雄彝族自治州城乡建设用地增减挂钩试点，通过拆旧村、建新村的方式，将原宅基地复垦为耕地，减少农村建房耕地占用总量，提高土地利用效益。自2018年以来，光禄镇在楚雄州率先开展农村土地“三权”分置试点工作，激发农村发展活力。

随着改革发展不断深入，光禄人民的生活水平逐步提高，获得感、幸福感不断增强。1980年以后，人民的温饱问题得到解决，自行车、缝纫机、电视机进入老百姓家里，农村掀起建盖土木结构瓦房和砖房的热潮，人民群众的居住条件得到改善。2000年以后，程控电话、移动电话逐步得到普及，“楼上楼下，电灯电话”的梦想变成现实，部分用

采摘玫瑰花（2016年）

户购买摩托车和客货运汽车，农村住房由原来的土木结构瓦房逐步改建成砖混结构的楼房。2007—2016 年实行新型农村合作医疗保险，2017 年以后“新农合”与城镇居民医疗保险并轨，居民医疗保障水平逐步提升。2011 年 7 月，光禄镇启动全覆盖的新型农村社会养老保险制度，农村老年人基本生活得到全面保障。2018 年，光禄脱贫攻坚工作通过国家和省、州评估验收，至 2020 年全镇建档立卡贫困户实现了“两不愁三保障”，收入较少的贫困家庭劳动力被优先聘请到花卉基地、蔬菜基地和农业庄园务工，脱贫居民年人均纯收入稳定高于 1.1 万元，光禄全面迈进小康社会。

进入新时代，光禄镇经济社会发展面临诸多机遇和优势。全镇 60% 以上的区域属于平畴广川的坝子，拥有耕地面积 2.52 万亩，气候温和，农业发达，具有得天独厚的自然资源优势。光禄镇历史悠久，文物古迹众多，具有深厚的文化资源优势。光禄历来兴文重教，文教事业发达，各类人才辈出，外地精英前来兴业，形成振兴发展的强大人才优势。面向未来，光禄镇正在把自然资源优势、文化资源优势和人才资源优势转化为经济社会发展的优势，努力打造姚安县乃至云南省的美丽幸福乡村样板。

基本镇情

光禄镇位于云南省楚雄州姚安县北部，地处姚安坝子下游，全镇60%以上区域面积集中在平坝，地势平坦，土地肥沃，主要居住汉、彝两个民族。光禄是古代治滇重镇，西汉时期在高陀山建益州郡弄栋县城，南宋时期为大理国八大名府之一，元朝时期为姚安路、姚州府治所在地。中华人民共和国成立以后，行政区划设置历经姚安县第四区、光禄公社、光禄区等阶段，1988年正式改为光禄镇至今。光禄镇人口规模、经济总量在姚安县内均排名第二，区域内有草海工业园区、光禄古镇旅游核心区和高原特色农业示范园区，镇域经济发展迅速，社会事业不断进步，各族人民团结和谐，2019年被评为云南省文明村镇。

政区建置

镇名由来 据光绪《姚州志》、民国《姚安县志》等文献资料记载，“光禄”作为姚安县内地名或建置区划名称，最早是在清朝后期及民国时期，当时的光禄乡、光禄镇管辖范围仅为今光禄镇下辖的光禄居委会及其周边部分村组。1958 年 8 月，成立光禄公社。1983 年 2 月，光禄公社改为光禄区。1988 年，光禄区改为光禄镇，正式形成光禄镇名。“光禄”之名来源于古代官职名称。北宋大理国布燮（相国）高泰明治国有功，授银青光禄大夫。明末清初，高䵺随沐天波平定沙定洲之乱，辅佐南明永历帝，升光禄寺少卿。由于以上两次封官，官名都有“光禄”二字，加之光禄地区曾为高氏封地，故将地名与官名相通，得名“光禄”。

建置沿革 战国后期，小卜将军征服滇西地区，后战死于姚安，其士卒镇守姚安，今光禄镇及周边地区属滇国地。

西汉元封二年（前 109），置益州郡弄栋县，县城遗址在今光禄镇旧城村委会高陀山。三国蜀汉时期，光禄地区属云南郡弄栋县。

晋朝以及南朝宋、齐时期，光禄地区属兴宁郡弄栋县。梁末至陈，为南中大姓爨氏所据。

唐武德四年（621）置姚州，光禄地区属姚州。唐麟德元年（664），置姚州都督府，光禄地区属姚州都督府。天宝战争以后，南诏设弄栋府，光禄地区不再被唐朝控制。

后晋天福二年（937），段思平建立大理国，改弄栋府为姚府，为大理国八府之一。南宋绍兴元年（1131），也就是大理国保天三年，段正严封相国高泰明之子高明清为姚安演习，光禄为高氏封地，府治设在光禄。

蒙古蒙哥汗七年（1257），光禄属大理路姚州。元天历元年（1328），置姚安路军民总管府，府治在光禄。

明洪武十五年（1382），光禄地区属姚安府姚州。

清初，光禄地区属姚安军民府姚州，高氏土官府衙在光禄。清雍正三年（1725），姚安府同知高厚德谪戍江南，结束高氏家族对姚安府土官的世袭。

清朝中后期，光禄地区属姚州永宁里、北界、又北界。清宣统元年（1909）属又北乡。1932年属姚安县九区（下辖光禄镇、辅元乡、吉祥乡、北平乡、富顺镇）。1940年，原第九区编为光禄镇、怀远乡，光禄镇领有原光禄镇、辅元乡，划为9保，共17个自然村、1个街；怀远乡领有原吉祥乡、北平乡、富顺镇，亦划为9保，共24个村、1个街。

1949年12月26日，姚安县解放后，将解放前的光禄、怀远、锁北、稽肃4个乡镇合并设西北区。1950年3月，撤销西北区，设光禄、锁北、稽肃3个分区。1950年9月，姚安县重新划为6个区，光禄、锁北、稽肃3个分区合并为姚安县第四区。1958年8月，成立光禄公社，同年10月姚安撤销并入大姚，光禄公社隶属大姚县。1961年复置姚安县，设为红光人民公社光禄公社，1968年改为红星公社，1971年复名为光禄公社。1983年2月，恢复区、乡建制，设光禄区。1988年，光禄区改为光禄镇，至今未变。

辖区变迁 清末至民国初期，光禄乡、光禄镇辖区为6个村、1个街，区域范围仅为今光禄居委会辖区及江尾、小邑等村委会部分自然村。1940年，光禄镇辖区为17个村、1个街，范围仅为今光禄社区及江尾、小邑、福光等行政村的部分自然村。

中华人民共和国成立以后，光禄行政区划经历多次调整。1950年年底，姚安县第四区辖光禄镇、旧城乡、新邑乡、锁北乡、白鹤乡、将军乡、芦川乡、左门乡、三角乡、马游乡、地索乡11个乡镇，其中光禄镇辖区为今光禄社区及周边部分自然村。1951年12月，为便于开展土地改革，重新划分小乡，第四区辖光禄镇、旧城乡、福光乡、江尾乡、小邑乡、锁北乡、梯子乡、白鹤乡、横山乡、芦川乡、三关乡、将军乡、马游乡、小村乡、葡萄乡、三角乡、地索乡、八腊乡、毕叭乡、左门乡20个乡镇。1953年3月，土地改革复查结束，第四区辖光禄镇、旧城乡、福光乡、江尾乡、小邑乡、锁北乡、梯子乡、白鹤乡、横山乡、芦川乡、三关乡、将军乡、地索乡、八腊乡、毕叭乡、左门乡16个乡镇。1954年9月，大姚县班刘、后营、吴海3个乡划归姚安县，姚安县将军、锁北、白鹤、三关、芦川、横山6个乡划归大姚县，第四区辖光禄镇、旧城乡、小邑乡、江尾乡、福光乡、吴海乡、后营乡、班刘乡、左门乡、地索乡、毕叭乡、八腊乡、梯子乡13个乡镇。1956年春，成立农业合作高级社，撤并部分乡镇，第四区辖光禄、小邑、江尾、福光、吴海、后营、班刘、左门、地索、毕叭、八腊、梯子 12 个高级农业生产合作社。1958 年 8 月，八腊乡划归大姚县石羊公社，光禄公社下辖光禄镇、后营乡、地索乡、左门乡。其中，光禄镇下辖光禄、小邑、江尾、福光 4 个合作社，后营乡辖后营、吴海、班刘 3 个合作社，地索乡辖地索、毕叭、八腊 3 个合作社，左门乡辖左门、梯子 2 个合作社。

1961 年，恢复姚安县，光禄公社辖 18 个大队。1962 年，光禄公社辖光禄、旧城、福光、江尾、班刘、小邑、梯子、左门、毕叭、地索 10 个大队。1965 年，撤销官屯区，马游、葡萄、三角 3 个公社并入光禄区。1966 年，光禄区改光禄公社，下辖新庄、班刘、吴海、梯子、后营、光禄、江尾、福光、旧城、小邑 10 个大队，马游、葡萄、三角 3 个大队从光禄公社划出。1971 年，调整公社规模，光禄公社下辖光禄、旧城、小邑、江尾、班刘、福光、后营、新庄、吴海、梯子、左门、毕叭、地索 13 个大队。1973 年，再次调整公社规模，光禄公社辖光禄、旧城、福光、江尾、班刘、小邑、后营、吴海、新庄、梯子 10 个大队，左门、毕叭、地索 3 个大队从光禄公社中划出，成立左门公社。1974 年左门公社并入光禄公社，1975 年后又恢复左门公社。1979 年，光禄公社辖光禄、

光禄民族特色镇石碑（2018 年）

旧城、福光、江尾、班刘、小邑、新邑、后营、马邑、吴海、新庄、河里渡、梯子 13 个大队。1982 年，光禄公社撤销新邑大队。1983 年 2 月，光禄区下辖光禄、江尾、吴海、梯子、左门、地索、三角 7 个乡。1984 年，光禄区辖光禄镇、旧城乡、小邑乡、福光乡、班刘乡、后营乡、新庄乡、梯子乡、江尾乡、吴海乡、左门乡、地索乡、毕叭乡、阿苤拉乡 14 个乡（镇）。

1988 年，左门乡从光禄区划出，光禄区改光禄镇，下辖光禄、旧城、小邑、福光、班刘、后营、新庄、吴海、梯子、江尾 10 个办事处。2000 年 6 月，办事处改为村委会，光禄镇下辖光禄、旧城、小邑、福光、班刘、后营、新庄、吴海、梯子、江尾 10 个行政村。2004 年 11 月，增设草海村委会。2016 年 1 月，光禄村委会改为光禄居委会。

村庄社区

2020 年年末，光禄镇下辖光禄社区和旧城、小邑、福光、江尾、班刘、后营、新庄、吴海、梯子、草海 10 个建制村，64 个自然村，158 个村民小组。

光禄社区　位于光禄镇西南部，东与江尾村相邻，南与旧城村相接，西与左门乡苤拉村、仰拉村交界，北与小邑村接壤，区域面积 10.23 平方千米，总耕地面积 2369 亩，

2020 年光禄镇自然村及村民小组分布情况一览表

表 1

村（社区）	行政村驻地	区域面积（平方千米）	自然村情况	村民小组（个）
光禄社区	光禄街	10.23	东关、南关、西关、北关、塔脚、朝阳村、云自登	19
旧城村	旧城	19.23	杨家村、海西庄、旧城、九街、小康郎、大康郎、新村	17
福光村	罗西坪	3.73	福光、罗西坪、何家村、三度邑、王家村	11
江尾村	庄房	6.03	上村、卫屯、下村、中村、小张村、布家村、庄房	24
班刘村	班刘	10.81	班刘、花邑村、闫屯、大冲、大麦冲	13
小邑村	小邑	9.97	小邑、新邑村、腊梅厂、西冲、稗子田、河里渡	21
草海村	草海	1.39	草海村统建点	4
后营村	小屯	8.43	施湾、后营、小屯、樊湾、张湾、肖凹、新华、马邑屯、西仓屯、石家茨巴、梅子箐	15
吴海村	吴海	7.3	吴海、民泰一组、民泰二组、苏子、稻田	11
新庄村	小新庄	7.54	大新庄、小新庄、高冲、钱湾	13
梯子村	梯子	32.24	结璘山、老木多、梯子、罗家村、土窝铺、新开田	10
合计	—	—	64 个自然村	158

其中水田 2203 亩、旱地 166 亩。2020 年，光禄社区辖 7 个自然村、19 个居民小组，有居民 1104 户，总人口 4496 人，社区经济总收入 7657 万元，农村常住居民人均可支配收入 1.54 万元，村集体经济收入 26.9 万元。

光禄社区是光禄镇政府、光禄古镇所在地，主要发展餐饮、住宿等旅游服务业，以及花卉、蔬菜等种植业。2013 年以来，金科利、东方玫瑰谷等现代农业庄园蓬勃发展，休闲观光农业成为经济发展的新亮点。

旧城村 位于光禄镇南部，东与福光村相接，南与栋川镇竹园村相连，西北部与光禄社区相邻，区域面积 19.23 平方千米，距离光禄镇政府驻地 1.5 千米，总耕地面积 2386 亩，其中水田 2108 亩、旱地 278 亩。旧城村境内的高陀山是西汉元封二年（前 109）置弄栋县的城址所在地，村域内有塔镜溯、百老庵、何家宗祠等风景名胜。2020 年，旧城村辖 7 个自然村、17 个村民小组，有居民 977 户，总人口 4004 人，农村经济总收入 4770.36 万元，农村常住居民人均可支配收入 1.26 万元，村集体经济收入 8.6 万元。主要经济作物有蚕桑、烤烟、蔬菜。

光禄坝子上的油菜花（2013 年）

江尾布家村（2018 年）

福光村 位于光禄镇东南部，东北与草海村相连，东南与栋川镇马草地村接壤，西南与栋川镇竹园村交界，西北与旧城村相邻，距离光禄镇政府驻地 3 千米，区域面积 3.73 平方千米，总耕地面积 3386 亩，其中水田 3080 亩、旱地 306 亩。福光村原名官庄子，系高氏土官家田庄，解放后“土地还家”，取福光照耀之意而得名。2014 年起，开展城乡建设用地增减挂钩试点工作，新建何福新村，配套建设小学、幼儿园、文体活动室、卫生服务站、农贸市场等公共设施。2020 年，福光村辖 5 个自然村、11 个村民小组，有居民 973 户，总人口为 3678 人，农村经济总收入 4655 万元，农村常住居民人均可支配收入 1.27 万元，村集体经济收入 7.81 万元。主要经济作物有烤烟、蔬菜、花卉。

江尾村 位于光禄镇东南部，东邻班刘村，南靠草海村，西连光禄社区，北接小邑村，距光禄镇政府驻地 2 千米。江尾村在光禄镇坝区中心位置，因地处蜻蛉河之尾而得名。区域面积 6.03 平方千米，总耕地面积 3449 亩，其中水田 3250 亩、旱地 199 亩。2020 年，江尾村辖 7 个自然村、24 个村民小组，有居民 1153 户，总人口为 4689 人，全村经济总收入 12972.54 万元，农村常住居民人均可支配收入 1.21 万元，村集体经济收入 13.74 万元。主要经济作物有蚕桑、烤烟、蔬菜。

班刘村 位于光禄镇东部，东与前场镇庄科村交界，南与栋川镇白龙寺村接壤，西与江尾村相连，北与后营村相邻，距离光禄镇政府驻地 5 千米，区域面积 10.81 平方千米，总耕地面积 2018 亩，其中水田 1622 亩、旱地 396 亩。班刘村以班、刘二姓人口居多而得名。1954 年，从大姚县划归姚安县。2020 年，班刘村辖 5 个自然村、13 个村民小组，有居民 624 户，总人口 2438 人，农村经济总收入 6339 万元，农村常住居民人均可支配收入 1.24 万元，村集体经济收入 5.67 万元。主要经济作物有蚕桑、烤烟、蔬菜，其中以大冲村出产的山药最为出名。

小邑村 小邑村位于光禄镇北部，东与后营村接壤，南与江尾村相连，西与左门乡仰拉村交界，北与新庄村相邻，距离光禄镇政府驻地3千米。小邑村是姚安花灯“小邑拉花”的发源地，素有“花灯之村”的美称。区域面积9.97平方千米，总耕地面积2844亩，其中水田2151亩、旱地693亩。2020年，小邑村辖6个自然村、21个村民小组，有居民971户，总人口3577人，农村经济总收入11134.4万元，农村常住居民人均可支配收入1.32万元，村集体经济收入5.6万元。小邑村有打铁、擀毡等传统手工艺，主要经济作物有蔬菜、蚕桑、烤烟，是姚安县内最早发展蔬菜订单的农业村之一。

草海村 位于光禄镇东南部，东与班刘村和栋川镇白龙寺村交界，南与栋川镇马草地村相邻，西与福光村相连，北与江尾村接壤，距离光禄镇政府驻地4千米，区域面积1.39平方千米，总耕地面积1507亩，其中水田1313亩、旱地194亩。2003年大姚“7·21”和“10·16”两次地震后，在原楚雄监狱草海农场建设统建点，安置来自大姚、姚安2个县、13个乡镇、64个村的受灾农户，于2005年成立草海村。全村有9个民族、44个姓氏，彝族人口居多。2020年，草海村辖4个村民小组，有居民495户，总人口2043人，农村经济总收入2247万元，农村常住居民人均可支配收入1.1万元，村集体经济收入11.6万元。主要经济作物有烤烟、蔬菜等，2015年以后发展肉牛养殖，成立肉牛养殖专业合作社，被列为姚安县肉牛养殖示范村。

草海新村（2006年）

后营村　位于光禄镇东北部，东与前场镇庄科村接壤，南与班刘村相连，西与小邑村交界，北与吴海村为邻，距离光禄镇政府驻地 5 千米，区域面积 8.43 平方千米，总耕地面积 2850 亩，其中水田 2223 亩、旱地 627 亩。清咸丰年间（1851—1861），曾于后山扎营驻兵，并在山脚平地处形成集市，村因而得名。1954 年，从大姚县划归姚安县。2020 年，后营村辖 11 个自然村、15 个村民小组，有居民 873 户，总人口 3190 人，农村经济总收入 6388.32 万元，农村常住居民人均可支配收入 1.32 万元，村集体经济收入 5.48 万元。主要经济作物有蚕桑、烤烟、蔬菜。

吴海村　位于光禄镇东北部，东部、北部均与大姚县金碧镇交界，南与后营村、小邑村接壤，西与新庄村相邻，距离光禄镇政府驻地 7 千米，区域面积 7.3 平方千米，总耕地面积 1477 亩，其中水田 1194 亩、旱地 283 亩。因吴姓居多，地势低洼，古时候为一片沼泽地，因而得吴海之名。1954 年，从大姚县划归姚安县。2020 年，吴海村辖 5 个自然村、11 个村民小组，有居民 565 户，总人口 2230 人，农村经济总收入 4760 万元，农村常住居民人均可支配收入 1.11 万元，村集体经济收入 5.18 万元。主要经济作物有蚕桑、蔬菜，是姚安县蚕桑产业重点村。

新庄村　位于光禄镇北部，东与吴海村相邻，南面、西面与小邑村接壤，北与大姚县金碧镇交界，距离光禄镇政府驻地 6 千米，区域面积 7.54 平方千米，总耕地面积 1562 亩，其中水田 1380 亩、旱地 182 亩。明代在新庄设立军屯，后来自成村庄，因而得名。2020 年，新庄村辖 4 个自然村、13 个村民小组，有居民 645 户，总人口 2480 人，全村农村经济总收入 3422 万元，农村常住居民人均可支配收入 1.38 万元，村集体经济收入 0.5 万元。主要经济作物有蚕桑、烤烟、蔬菜等，是姚安县蚕桑产业重点村。

梯子村　位于光禄镇西北部，东南、东北与大姚县金碧镇交界，南与小邑村接近，西部、西北部与左门乡仰拉村、左门村接壤，属于高寒、冷凉的山区，距离光禄镇政府驻地 24 千米，区域面积 32.24 平方千米，总耕地面积 1927 亩，其中水田 756 亩、旱地 1171 亩。村庄依山而建，逐级而上，形若阶梯，因而得名。2020 年，梯子村辖 6 个自然村、10 个村民小组，有居民 385 户，总人口 1576 人，全村农村经济总收入 1935.5 万元，农村常住居民人均可支配收入 7846 元，村集体经济收入 10.4 万元。主要经济作物有核桃、蚕桑，农作物以水稻、玉米、蚕豆为主，养殖业以肉牛、黑山羊、驴、生猪为主。

2020 年光禄镇下辖各村（社区）经济社会发展情况统计表

表 2

村（社区）	人口（人）	主要产业	人均有粮（千克）	可支配收入（元）	小学（所）	卫生室（所）	文化室（个）
光禄社区	4496	蔬菜、花卉、餐饮、旅游	240	15424	1	1	15
旧城村	4004	蚕桑、蔬菜、烤烟	250	12600	1	1	13
福光村	3678	烤烟、蔬菜、花卉	260	12658	1	1	10
江尾村	4689	蚕桑、蔬菜、烤烟	380	12117	1	1	14
班刘村	2438	蔬菜、烤烟、蚕桑	350	12388	1	1	7
小邑村	3577	蔬菜、蚕桑、烤烟	320	13175	1	1	14
草海村	2043	烤烟、蔬菜、肉牛	250	11000	1	1	3
后营村	3190	蚕桑、蔬菜、烤烟	380	13215	1	1	9
吴海村	2230	蚕桑、蔬菜	350	11080	1	1	4
新庄村	2480	蚕桑、烤烟、蔬菜	400	13800	1	1	8
梯子村	1576	核桃、蚕桑、肉牛	350	7846	1	1	8
合计	34407	—	—	—	11	11	105

自然环境

地理位置 光禄镇位于云南省楚雄州西北部，地处姚安县北部、姚安坝子下游，地跨北纬 25° 33′ 34″ ~ 25° 42′ 02″、东经 101° 6′ 56″ ~ 101° 7′ 41″，东西最长 34.76 千米，南北最宽 25.43 千米，区域总面积 136.64 平方千米。光禄镇东与前场镇庄科村相邻，东北与大姚县金碧镇妙峰村为界，北与大姚县金碧镇七街社区接壤，西北与左门乡左门、仰拉 2 个村相连，南与栋川镇的龙岗、竹园、马草地、白龙寺 4 个村相接，镇政府驻地海拔 1875 米。光禄镇东距省会昆明 240 千米、距州府楚雄 85 千米、距姚安县城 12 千米，西距大理下关 210 千米，北距四川攀枝花 178 千米。

地质地貌　光禄镇地处滇西横断山余脉地带，大地构造属扬子准地台的滇中台背斜Ⅲ级结构单元，为滇中中台陷。镇域西北部为山区，东南部为坝区。山区和半山区为中生界地层，坝区和河谷地带为新生界地层。镇域地势西北高而东南低，与左门乡相连的西北部群山连绵，东部坝子边缘属丘陵地带，东南部地处姚安坝子下游。区域面积的 60% 以上为坝区，90% 以上的耕地和人口都集中在平坝。

山脉　境内主要山脉为结璘山、光禄山、大尖山，属滇西横断山余脉。结璘山位于光禄镇梯子村与左门乡仰拉村交界处，最高海拔 2577 米，杂木林居多，因其峰峦起伏，连绵不断，树木苍翠，山色秀丽而得名。清代学者高奣映曾在此开办结璘山馆，专心授徒讲学，静心著述。光禄山位于光禄社区西部，最高海拔 2526 米，主要生长混交林，龙华寺、光禄古镇西靠光禄山，建于光禄山麓的山坝结合地带。大尖山位于小邑村西北，最高海拔 2435 米，灌木林居多，因山高、峰尖而得名。

水系　境内有蜻蛉河、大康郎河、梯子河等 8 条河道，总长 69.84 千米，均流入蜻蛉河后汇入金沙江。蜻蛉河是姚安的“母亲河”，发源于三峰山南麓滚水箐，流经姚安上坝子，由栋川镇马草地村进入光禄镇草海村，经过班刘、江尾、小邑、后营、吴海等村后，于赵家丫口流入大姚县境，蜻蛉河在光禄镇境内 10 余千米的河段也称草海河。大康郎河发源于森林茂盛、生态环境优美的左门乡茎拉村花椒园梁子和芹菜沟梁子，从原始森林流出的泉水，注入大麦地、大康郎 2 个水库，流经光禄社区、江尾村后汇入蜻蛉河。

蜻蛉河（2017 年）

梯子河发源于杨梅山和结璘山，流经梯子村后注入白鹤水库，然后流入大姚县境内，白鹤水库部分蓄水由引水渠输送到光禄镇吴海、新庄等村，灌溉姚安坝子下游农田。

灾害 由于光禄镇地处姚安坝子下游，雨季洪水泛滥，地势较低的农田、房舍易遭水害。明成化八年（1472），遭受洪水，致使秋季无收获。明万历二十一年（1593）秋，连降大雨，洪水泛滥，半数农田被冲毁。清光绪二十年（1894）秋，遭受水灾，米价大涨。1924 年秋，遭遇洪水。1954 年秋，洪水冲毁大康郎一带的河堤，泥沙冲入两岸 100 余亩稻田，福光、江尾、小邑等村的低洼地带一片汪洋，十余日后方排完洪水。1983 年 7 月 14—17 日，连续降雨，洪水淹没吴海、后营 1682 亩农作物。2002 年 9 月 29 日，光禄镇突降大雨，致使大康郎水库水位上涨，旧城、福光、江尾等村农作物和房屋受洪水冲击，造成经济损失 1768.16 万元。

气候物候

光禄镇属亚热带季风气候，冬春干旱，夏秋阴雨，冬无严寒，夏无酷暑，光照充足，四季温和。小春作物主要为油菜、蚕豆、小麦、花卉等，春季回暖快，偶现春寒，农作物容易受低温霜冻影响。大春作物主要是烤烟、水稻、玉米、莲藕等，雨季集中在 7—8 月，容易遭受洪涝灾害，少数年份水稻、玉米受“8 月低温”影响。清光绪十九年（1893）农历七月初七，光禄遭受低温，庄稼受灾。1984 年 8 月，光禄遭受低温致使水稻减产。2002 年 3 月 16 日，降雪降温，小春作物受灾严重。

日照 光禄镇属太阳能较丰富区，年平均日照时数为 2285.1 小时，平均每天 6.26 小时。日照季节分布不均匀，冬春季多，夏秋季少，但与作物的需光特点和温度变化配合较好。由于光禄镇地处高原，云层薄、空气清新、无大气污染，最能被作物利用的红光和蓝紫光多，因此光照不仅充足，而且光质良好，光能利用率高。

气温 年平均气温 16.1℃，比姚安县年平均气温高 0.8℃，无霜期 252 天。具有气候温和、变化平稳、年较差小、日较差大、冬无严寒、夏无酷暑、四季如春的特点。按四季划分标准，属于“有冬无夏，春秋相连”型，月平均最高温度为 7 月的 21.5℃，月平均最低温度为 1 月的 8.6℃，极端最高温 32℃，极端最低温 −2℃。四季如春的气候为农作物生长提供了特殊的温度条件，镇域内农作物全年均能生长，并能获得优质高产。

降雨 光禄镇处滇中干旱区，年际之间降雨量波动大，年均降雨量 698 毫米，多数年份雨季开始时间偏晚，不利于大春生产用水。一年之内，干湿两季界限分明，冬春少雨，夏秋多雨，一般上年的 11 月至当年的 4 月为干季，降雨量占全年的 9%；5—10 月为雨季，降雨量占全年的 91%。由于季节雨量悬殊，小春及大春作物栽种最需用水的时节少雨干旱；夏秋雨量集中，经常发生大雨、暴雨情况，容易发生洪涝、泥石流、滑坡等自然灾害。2004 年 10 月，梯子村遭受泥石流袭击。

自然资源

光禄镇具有独特的地理区位、丰富的坝子土地资源和优美的自然环境，是云南省内开发最早的地区之一，从古至今是姚安县重要的粮食和蔬菜、肉牛、花卉等农牧产品生产基地，是一个宜居的美好家园。

耕地 由于多数区域面积集中在坝区，土地资源丰富，土壤肥沃。土壤主要类型为红壤、紫色土、冲积土和水稻土，土壤耕层以轻黏土和中黏土为主。土壤 pH 值 6.5 ~ 7.5，多数耕地土壤偏酸性。全镇耕地面积 2.52 万亩，农耕历史悠久，农业经济发达，有“鱼米之乡”的美誉。中华人民共和国成立以来，开垦蜻蛉河沿岸数千亩土地，以前的“草海”变为农田；区域内农田水肥条件不断改善，各类农业机械不断推广应用，耕地生产效益明显提升。

大尖山森林（2006 年）

杜鹃花（组图）（2005 年）

森林　光禄镇2020年林地面积11.79万亩，其中国家公益林5762亩、省级公益林5005亩。主要树种为云南松、旱冬瓜、滇油杉、柏树、滇朴、桉树、栎树，经济林木主要为核桃、梨、桃、杨梅、石榴、花椒等。为保护森林资源，1973年、1975年、1981年、1996年4次进行飞机播种造林，2002年开始全面启动退耕还林工程，使光禄成为森林氛围浓郁、涉林产业发展良好的生态宜居镇。

矿产　境内有铜、铁、煤等矿产资源，铜、铁矿分布在光禄山一带，均未开采。1977年，经199煤田地质队勘探，龙岗—马邑屯一带蕴藏大型褐煤矿。根据勘探报告数据，光禄镇地下还有丰富的温泉资源，在旅游开发中具有较高的开采利用价值。旧城、班刘等村具有丰富的砂石资源，为镇村建设的主要建材来源。

生物资源　境内生物资源丰富，野生动植物资源种类繁多。常见的植物有164科、860种，常见树种共54科、272种，乔木树种有云南松、滇青冈、滇石栎、黄连木、麻栎等，下木有马桑、碎米杜鹃、铁仔、棠梨、小石积等，地被植物有紫茎泽兰、青蒿等，人工经济林果有桃、梨、石榴、核桃、猕猴桃、蓝莓等。境内共有动物种类38目、127科、226种，其中两栖爬行类动物21种、鸟类83种、哺乳动物36种、昆虫68种、鱼类13种、虾蟹类5种，有麂鹿、獐、穿山甲等国家保护动物。境内有大型真菌35科、138种，常见的有松茸、鸡坳、牛肝菌、青头菌、松乳菇（大黄菌）、松露等，主要分布于梯子村、稗子田村等山区。

人口、民族

人口总量　由于不同时期辖区范围各不相同，中华人民共和国成立以前，光禄镇人口情况无法详细考证。1949年12月，光禄、怀远、锁北、稽肃4个乡镇合并设西北区，共有4610户、26005人。1951年年末，姚安县第四区有5385户、27373人。1961年年末，光禄区有2960户、11430人。1971年年末，红星公社有5419户、28728人。1975

2004 年受灾群众入住草海统建点

年年末，光禄公社有 4904 户、26890 人。1979 年年末，光禄公社有农户 5288 户，人口 28075 人。1987 年年末，光禄区有农户 6725 户，人口 28420 人。1995 年年末，光禄镇有农户 7522 户，人口 30147 人。2000 年年末，有农户 8049 户，人口 32073 人。2005 年年末，有农户 8469 户，人口 34196 人。2010 年年末，有农户 8784 户，人口 34536 人。2015 年年末，有农户 11725 户，人口 34180 人。2019 年年末，全镇户籍有居民 11555 户，总人口 34556 人，其中城镇人口 4873 人、农村人口 29683 人；男性人口 17243 人，占总人口的 49.90%；女性人口 17313 人，占总人口的 50.10%。人口自然增长率为 5.93‰。2020 年年末，有居民 8816 户，总人口 34407 人。其中，男性人口 17653 人，占总人口的 51.3%；女性人口 16754 人，占总人口的 48.7%。人口自然增长率为 3.16‰。

源流迁徙 战国时期庄蹻入滇之前，光禄境内就有古羌人繁衍生息，但人口较少。庄蹻开滇，使部将小卜略定滇西，之后小卜将军“战殁于姚”，其士卒镇守姚安，光禄地区开始与内地产生联系和交流。西汉元封二年（前 109），在光禄旧城高陀山建弄栋县城，人口情况不详。蜀汉时期，江西庐陵县井冈乡人高定、江苏人高启山等移民到光禄、下口坝等地。唐朝时期，在境内置姚州、姚州都督府，来自外部的军队、官员进入光禄地区。明军平定云南后，明洪武二十二年（1389），沐英携江南、江西 250 余万人入滇，分布在曲靖、姚安、永昌等郡县，大规模汉族人口进入光禄地区。2004 年 9 月，大姚县迁入350户，姚安县迁入100户，共450户、1917人入住光禄镇草海地震恢复重建统建点。经过数千年来的人口迁徙，光禄镇形成了以汉族为主，彝汉民族相互交融的民族格局。

民族构成 光禄镇境内以汉族为主，少数民族主要是彝族、回族、苗族、哈尼族，少数民族中彝族人口居多。汉族多居住在光禄社区和旧城、江尾、福光、班刘、小邑、吴海、后营、新庄等坝区村，生产条件相对较好，经济、文化发展较快。彝族多居住在梯子村和稗子田村等山区，坝区的草海村是彝族聚居村，多数信仰原始宗教，勤劳朴素，喜酒好客，能歌善舞，逢年过节和举办喜事都要吹芦笙调，跳芦笙舞或左脚舞。2020年年末，汉族人口31134人，占总人口的90.9%；少数民族人口2802人，占总人口的8.1%，其中彝族人口2466人，占少数民族人口的88%。

姓氏组成 经调查统计，2020年年末全镇共有姓氏94个。其中，1000人以上的有李、高、张、杨、何、吴6个姓氏，500人以上的有王、庞、陈、马、班、刘、滕、林8个姓氏。姓氏分布以自然村或村民小组为单元，呈集中和较为集中的趋势，草海、福光等部分村落姓氏较多。高氏主要分布在光禄社区和旧城村，何氏主要分布在旧城、福光村，庞氏主要分布在福光村，吴氏主要分布在吴海村，滕氏和林氏主要分布在新庄村，班氏和刘氏主要分布在班刘村，马氏主要分布在江尾、后营村，张氏主要分布在光禄社区和江尾、后营村，杨氏主要分布在光禄社区和旧城、小邑、江尾、草海村。

2020年光禄镇主要姓氏分布一览表

表3

村（社区）	1000人以上姓氏	500人以上姓氏	300人以上姓氏	300人以下姓氏
光禄社区	李	张、杨	高、刘、赵	杜、段、王、周、班、苏、陈、陶、邱、马、董、夏、吴、丁、谢、鲁、蔡、徐、宋、唐、顾、邢
旧城村		杨、何、高	赵、唐	李、张、邱、马
福光村			何	张、庞、武、李、彭、邱、毕、阮、王、杨、高
江尾村	张	陈、马、布	郭、鲁、杨、李	班、吴
小邑村	李	杨、苏		向、张
班刘村		班、刘	闫、李	张、布、杨、陈、曾
后营村			刘	马、张、石、施、陈、凡、华、肖、沈
吴海村		吴	刘、陈	贾、歹、龚、肖、凡

续表 3

村（社区）	1000 人以上姓氏	500 人以上姓氏	300 人以上姓氏	300 人以下姓氏
新庄村		林、钱	滕、钟	詹、赵、石、严、陈、张、马、夏
梯子村		李	鲁	起、武、马、施、罗、赵
草海村			李	杨、周、王、张、杞、罗、刘、陈、余、吴、鲁、腾、尹、邓、苏、赵等 44 个姓氏

镇域经济

经济总量 从西汉置弄栋县开始，光禄曾经先后作为县城和姚州、姚府、姚安路的府治所在地，地区政治、经济、文化随之发展变化，经济总量随着朝代不同和建置的变化而盛衰。民国时期，光禄镇经济结构以传统的农业为主，手工业、商业、运输业为副业，纺织业较为发达。中华人民共和国成立后，各级党委、政府在发展农业的同时，注重发展工业、建筑业、邮电、交通和商业。1988 年，光禄镇经济总产值 1800 万元，烤烟总产值 178.7 万元，财政总收入 136 万元，农民人均纯收入 320 元，人均有粮 413 千克。1990 年，全镇经济总产值 2163.7 万元，烤烟总产值 133.22 万元，财政总收入 185.83 万元，农民人均纯收入 424 元，人均有粮 447 千克。2000 年，全镇经济总产值 1.26 亿元，烤烟总产值 565 万元，财政总收入 647.8 万元，农民人均纯收入 1596 元，人均有粮 495 千克。2010 年，全镇工农业现价总产值 4.38 亿元，农林牧副渔业现价总产值 2.11 亿元，现价工业总产值 2.27 亿元，地方财政收入 461 万元，社会消费品零售额 5580 万元，农民人均纯收入 3019 元。2020 年，全镇实现农林牧渔总产值 3.99 亿元，同比增长 8.6%；完成固定资产投资 4.38 亿元，同比增长 45.75%；完成农产品加工销售产值 4.5 亿元，同比增长 5.14%；社会消费品零售总额达 1.54 亿元，同比增长 7.69%；工业总产值 7.93 亿元，同比增长 7.02%，实现营业收入 6.6 亿元，同比增长 8.5%。一般公共财政预算收入

鲜花基地（组图）（2019 年）

2700 万元。

农业

光禄镇是传统的农业镇，主要粮食作物有水稻、小麦、玉米、蚕豆等，主要经济作物有烤烟、蔬菜、蚕桑、油菜、花卉等。1952 年，光禄地区完成土地改革，实现“耕者有其田”，农村生产力得到解放。1954 年年底开始，发展初级农业合作社、高级农业生产合作社。1958 年，光禄公社在楚雄州率先实现公社化。中共十一届三中全会以后，农村进行经济体制改革，实行“包产到户”“承包经营”，农村经济得到恢复和快速发展。1988 年，光禄镇被列为全州商品猪基地。从 1990 年开始，着重培育烤烟、蚕桑以及畜禽养殖产业。1993 年，依靠科技进步，大力调整结构，稳定水稻面积，压缩杂粮，扩大烤烟面积。1994 年，大力发展乡镇企业和个体私营经济。2000 年，提出“稳粮、保烟、

大棚蔬菜（2018年）

兴畜、护林”的发展思路——推广“楚香稻”300亩；建设蚕桑基地，改造现有桑园，新庄村、吴海村、后营村被列为全县蚕桑基地；小邑村试种百合100亩。2001年，大力发展桑园种植，全镇发展桑园3380亩，收购蚕茧55.7吨。2002年，推广引进种植茭瓜80亩、葡萄20亩、日本耐病松太萝卜250亩，种植反季山药20亩，试验种植大棚蔬菜50亩、中药材30亩、优质莲藕100亩，引进冻精牛种10胎、黑山羊优质羊种16只、优质种猪1头。2004年，推广双孢蘑菇种植5000平方米。2005年，推广茶树菇、大球盖菇等人工食用菌种植。

2017年以后，光禄镇党委、政府科学布局高原特色农业产业，在福光、旧城、江尾村发展花卉种植，在小邑、光禄、草海、班刘等村发展蔬菜种植，在后营、吴海、新庄村发展蚕桑养殖，在草海、梯子村发展肉牛养殖，着力打造“一村一品”，农业产业向绿色有机化、品牌化方向发展。2020年，全镇粮食总播种面积10467亩，产量达635.5万千克，其中水稻3261亩、玉米6866亩、马铃薯340亩。2020年，实现畜牧业产值1.74亿元。

蔬菜 20世纪90年代以前，农户种植的蔬菜绝大多数为自产自给，少量出售给机关单位食堂和集镇饭馆。20世纪90年代后期，开始在烤烟田内套种蔬菜。2002年，小邑村率先发展订单农业420亩，引进种植西蓝花。随着市场经济的发展，光禄镇蔬菜种

烤烟大田（2015 年）

植规模不断扩大，原来的烤烟种植大户逐步转型为蔬菜种植大户，出现大棚蔬菜、有机蔬菜等多种种植方式，培育出腊梅庄园、高原特色农业园等新型农业经营主体。2019 年，全镇有从事蔬菜种植、储藏、加工、销售的州级农业龙头企业 3 家、蔬菜合作社 4 家，从事蔬菜生产的专业大户 48 户。

烤烟　1947 年，云南省烟草改进所把姚安列为美国品种烤烟（时称“美烟”）推广县之一，在光禄、栋川等地区引进种植金元、大金元、长坡 1 号等品种，1948 年在光禄栖霞寺建盖烤房。1954—1960 年，部分初级农业合作社试种少量烤烟。1961 年，贯彻“以粮为纲”方针，压缩烤烟种植面积。1980 年以后，烤烟价格提高，烟农种植积极性增强，烤烟逐渐成为光禄镇农民增收、财政增长的重要来源。1989 年开始，光禄镇大力推广种植烤烟。1993—2010 年，每年种植面积超过 1 万亩。2010 年以后调整产业结构，蔬菜种植面积扩大后，烤烟种植规模有所减小，烤烟生产由农户分散种植逐步转变为大户规模种植。2017 年以后，烤烟生产主要分布在福光、江尾、小邑、旧城 4 个村，每年种植面积稳定在4000亩以上，收购烟叶60万千克左右。2020年，全镇种植烤烟4400亩，交售烟叶60万千克，产值1718.4万元。

蚕桑　光禄镇有悠久的栽桑养蚕传统。据民国《姚安县志》记载，明嘉靖八年（1529），姚安知府王鼎教民植桑麻、务织纺，后“岁可得丝四五千斤”。1939年，成立蚕业指导所，试种优良桑种。1964年，鼓励栽桑养蚕，从广东引进桑籽。“文化大革命”期间，贯彻“以粮为纲”方针，挖桑改种粮食。20世纪70年代，吴海、新庄、后营等大队大力推广栽桑养蚕。2000年，加大蚕桑基地建设，改造现有桑园，吴海、新庄、后营被列为姚安县蚕桑生产重点村。在利用平田栽桑的同时，引导农户利用山冲农地扩大桑园面积，蚕桑业逐步成为全镇重要的农业产业。2019年，全镇桑园面积9714亩，产茧548吨，产值2857万元。2020年，新增桑园100亩，养蚕12032张，产茧469.12吨，产值1746.08万元。

软籽石榴　光禄镇具有适宜种植软籽石榴的气候、土壤和水利条件。自2017年以来，在栋川镇白龙寺村委会的影响带动下，光禄镇班刘、小邑、旧城等村在缓坡地带推广种植软籽石榴，种植面积逐年增加。2017年，班刘、小邑2个村种植面积150亩。2018年，后营、旧城2个村种植面积100亩。2019年，吴海、后营、班刘、旧城、小邑等村扩大软籽石榴种植面积。2019年，全镇累计软籽石榴种植面积为1427亩，挂果面积100亩。2020年年末，全镇软籽石榴种植面积达1500亩。

核桃　核桃是光禄镇山区重要的经济林果，是群众增收致富的来源，主要分布在梯子村，以及旧城、班刘、小邑等村的高海拔地区。自2000年以来，光禄利用退耕还林项目扶持发展核桃种植，不断扩大种植规模。2019年年末，全镇共有核桃种植面积

桑园（2008年）

农户养蚕室（2008年）

班刘村软籽石榴园（2017 年）

15545 亩，挂果面积 6603 亩，干果产量 95132 千克，产值 247.34 万元。2020 年，新庄村种植核桃 1500 亩。

生猪 在生产合作社、包产到户等时期，光禄地区人均粮食产量高，生猪养殖基础好。1988 年，光禄镇被列为楚雄州商品猪生产基地，扶持养殖、改造猪圈，推广人工授精、仔猪补饲、短期育肥和青储饲料等技术，提高商品猪出栏率。2000 年以后，加强猪瘟免疫注射。2018 年，开展非洲猪瘟防控工作。2019 年，全镇有生猪规模养殖户 62 户，全年出栏生猪 37082 头，年末生猪存栏 23967 头。2020 年，生猪存栏 27373 头，出栏 39195 头。

肉牛 在草海、梯子、班刘等村重点发展肉牛产业，推广肉牛冻精改良、优质牧草种植、玉米秸秆青贮收储、动物疫病防控等技术及措施，重点扶持的 16 家肉牛养殖合作社（企业）不断发展壮大。在草海村打造标准化肉牛养殖示范基地，在班刘村成立肉牛协会，形成肉牛养殖产业链，带动全镇畜牧业快速发展。从 2016 年开始，每年在光禄镇草海工业园区举办“牛展会”，开展肉牛养殖技术交流，宣传展示肉牛产业发展取得的经验和成效。2019 年年末，全镇肉牛出栏 2458 头，存栏 8703 头。其中，存栏 10 头以上的养殖户 57 户，存栏 20 头以上的养殖户 16 户，存栏 30 头以上的养殖户 4 户，存栏 50 头以上的养殖户 2 户。2020 年，肉牛存栏 8480 头，出栏 3742 头。

手工业及乡镇企业　明、清和民国时期，白塔街及周边地区有纺织、编织、打铁等手工业生产，光禄镇编制的草帽销往缅甸，小邑村李姓村民多精于擀制毛毡，弹花也是小邑村的传统工艺。1954 年以后，对私营手工业进行社会主义改造。生产合作社时期，粮油加工、建筑等副业由公社和生产队集体经营。至 1960 年年底，光禄公社兴办农具厂、马车连、伐木场、粉丝厂、副食品厂、酒厂、饲养场、林场等 9 家企业，从业人员 307 人，但是在"一平二调"的政策背景下发展情况不佳，三年调整期间全部下马。1966 年冬开始建设电网，公社和各大队相继开办粮油加工站。1969 年 8 月，兴办光禄公社综合厂（农机站的前身），有员工 48 人，经营铁木农具、五金修理、火炮等，支持农业生产。1969 年，创建光禄建筑联合公司。1975 年，光禄公社办食品厂，生产糕点、糖果等产品。截至 1978 年，光禄公社有企业单位 41 家，职工 542 人，总收入 109.85 万元。其中，公社企业 10 家，职工 265 人；大队企业 31 家，职工 277 人。

中共十一届三中全会以后，实行"承包经营"，鼓励发展个体经济，涌现出一大批从事食品加工、编织、酿酒、打铁等行业的乡镇企业。1981 年，福光大队王家村 68 户联办粉丝厂，年产粉丝 20 余吨。1985 年，江尾乡 5 户农户与湖北师傅联办粉笔厂，生产"园丁牌"粉笔，年产 3000 余箱，产品销往大理、丽江、保山、昆明等地。1986 年，光禄区兴办乳鸽养殖场，带动全县养殖乳鸽。2009 年，姚安县规划建设草海工业园区，重点发展食品加工、医药卫生、物流等产业。2019 年，全镇乡镇企业总产值 5.85 亿元，

草海工业园区厂房（2022 年）

20 世纪 90 年代的光禄乳鸽厂

完成营业收入 9.95 亿元，完成农产品加工销售产值 4.45 亿元。同年，推进草海村雨生红球藻规模化养殖及虾青素提取项目建设，完成 300 亩雨生红球藻规模化养殖基地的土地流转工作，投入生产 50 亩。2020 年，完成规模以下工业总产值 7.93 亿元，同比增长 7.02%。乡镇企业总产值 9.62 亿元，同比增长 7.9%；实现营业总收入 4.58 亿元，同比增长 7.4%；农产品加工销售产值 49197 万元，同比增长 11%。

商贸服务业 “汉唐弄栋市早辟，四海巨贾挟资集”，反映了弄栋城、姚州都督府商贸繁荣的盛况。民国时期，光禄街是姚安县内仅次于县城的繁华集市。1946 年，光禄有私营商户 11 户，主要经营旅店、布匹、百货、药店等。1950 年，兼顾发展公营、私营经济，打击囤积货物、投机倒把的不法私商。1952 年 10 月 1 日，光禄供销社开业，为姚安县内第一家集体商业，下设 13 个购销点，附设 1 个农副产品加工厂。1956 年，对私营商业进行社会主义改造，组建公私合营商店，开展门市经营，下乡推销商品。光禄镇 15 户个体摊贩组成合作组，划归供销社代管。1988 年，光禄镇供销基层社有 9 个门市部，主营农资、副食、百货、五金家电、化工产品及日杂商品，同时负担 13 个乡、118 个自然村的购销业务。改革开放以后，集体、个体商户同时发展，农村商贸流通越来越活跃，出现了从事饭店、旅社、理发店等服务行业的个体户。20 世纪 90 年代以后，新建光禄集镇农贸市场，商品流通和服务业逐步走向市场化。截至 2020 年，有市场主体2019家（企业544家、个体工商户1475家），其中包括酒店客栈9家、餐饮企业59家、旅行社1家，社会消费品零售总额1.49亿元。

社会事业

教育 光禄教育源远流长，人才辈出。唐代文选学家李善到姚州三年，“州人多从其学”。元至顺年间（1330—1333），姚安路总管高明大兴教育。清康熙年间（1662—1722），高奣映归隐家乡，在结璘山设馆讲学，从其学者众多。清雍正年间（1723—1735），姚安府在光禄旧城百老庵设义学。清光绪年间（1875—1908），马驷良在小康郎栖霞寺创设凤岫书院，后改为栖凤学堂。1940年，国民政府教育部要求每个乡镇设中心学校1所，在关帝庙设光禄镇中心学校，在杨氏宗祠设怀远乡中心学校。

中华人民共和国成立以后，党和政府高度重视教育事业，乡村教育得到快速发展。1950年以后，贯彻执行“教育为人民服务，学校向工农开门”的方针，不断增加学校布点，大量吸收工农子女入学。1953年，姚安县第四区有初级小学15所、完全小学3所，共计开办51个班，有在校初小学生1672人、高小学生241人，教职员工67人。1985年，光禄区有小学49所，设149个班，有在校学生5738人、教职工198人。

幼儿园体育活动（2019年）

姚安县光禄中心小学（2010年）

姚安县光禄中学（2020年）

光禄地区学前教育起步较早。1947 年，成立幼稚班，把小学一年级生源过多且年龄尚小的儿童编为一班，开姚安县学前教育之先河。1952 年，在光禄镇武庙开设姚安县第一所幼儿园，1955 年撤销。1981 年在光禄中心小学附设学前班，之后幼儿教育逐步走向正规。

1958 年，光禄在小学附设初中班，1959 年 8 月停办初中。1966—1983 年，在光禄、旧城、福光、江尾、班刘、小邑、吴海、梯子、左门、地索地区的 10 所小学附设初中班，导致初中布点过多，不利于提高教学质量，阻碍了初等教育的普及与发展。1981 年 9 月，经姚安县教育局和草海农场协商，在原草海小学校址成立草海中学，纳入全县中学系列编号，草海中学编为姚安二中。1985 年 9 月，在凤岫山新建光禄中学，原光禄小学、江尾小学附设初中班转入光禄中学。2011 年，光禄中学与草海中学合并，在原草海中学校址扩大规模后设为光禄中学。

1994 年，光禄镇普及六年义务教育，1996 年普及九年义务教育。2000 年，全镇有初级中学 2 所，在校学生 1260 人；村级完小 10 所，村小 10 所，在校学生 2862 人；中小学教职工 249 人。2010 年，光禄镇通过国家“两基”验收。2017 年 12 月，光禄镇通过国家义务教育基本均衡评估验收。2020 年，全镇有初级中学 1 所、完全小学 11 所、公办幼儿园 1 所、村级幼儿园 10 所、民办幼儿园 3 所；全镇正式在职在编教职工 216 人（其中小学 146 人、中学 70 人），政府购买服务 47 人，民办幼儿园教职工 18 人，专任教师学历合格率 100%；全镇各类在校生合计 2058 人，其中光禄中学在校生 462 人、小学在校生 1146 人、学前教育在园（班）幼儿 450 人。

光禄地区中心医院旧址（2014 年）

光禄卫生院（2019 年）

卫生 清朝中后期，光禄镇曾经出现一批医术较高的名医。据民国《姚安县志》记载，光禄人赵开基，“性仁厚，精医术。无论贫富求诊，必往，不计酬资”。高灏“多才艺，尤精医术。求诊者必告以摄生之术。沉疴著手，多能治愈。尝游昆华、金齿间，亦以医术著称。缙绅马驷良、孝廉甘孟贤昆季均时与之咨访方术”。民国时期，光禄街有陈秀峰、王永华 2 家药店，主要从事西医门诊并售药，有名的中医有邱泽洪、陶汝聪、陶汝哲、朱灿春等 10 余人。

中华人民共和国成立以后，建立乡村医疗机构，逐步培养医疗卫生人员，医疗保障能力得到极大提高。1954 年 3 月，县人民政府分配刘铁安、李维经 2 人到第四区建立医疗点，为光禄地区最早的公办医疗机构。1956 年 12 月，建立光禄区卫生所，1958 年改为光禄公社卫生院。1967 年，毛泽东主席提出“把医疗卫生工作的重点放到农村去”的指示，公社办卫生所，大队由集体办卫生室，初步建立农村卫生网。1969 年 12 月，在塔脚村新建光禄地区医院，1983 年改为光禄卫生院。1970 年，开办农村合作医疗。1992 年，光禄卫生院搬迁到光禄街，原址交光禄镇敬老院管理。1998 年，光禄卫生院创建为一级甲等医院。2020 年，全镇有镇级卫生院 1 所、村级卫生所（院）11 所，实现了乡村医疗全覆盖，镇村两级城乡居民医疗保险门诊就诊减免约 9 万人次，减免费用 205 万元，住院 120 人，减免住院治疗费 20 万元。

文化 光禄历史悠久，有丰富的文化资源。境内有文物保护单位 12 个，其中龙华寺为全国重点文物保护单位，姚安路军民总管府为省级文物保护单位，弄栋城遗址和光禄文昌宫为州级文物保护单位；有光禄白塔、结璘馆、百老庵、维风亭等文化遗址；有光禄至德寺明代释迦牟尼佛坐像、清康熙年间（1662—1722）所铸高雪君卧像、清乾隆年间（1736—1795）重修光禄乡三义庙碑等馆藏文物。“小邑拉花”“姚安坝子腔”被列入国家级非物质文化遗产名录。全镇有非物质文化遗产保护项目4个，其中县级民族传统文化保护区2个、县级民族民间传统文化濒危项目2个，有县级非物质文化遗产项目代表性传承人23人、州级代表性传承人2人、省级代表性传承人1人。

农业合作化期间成立农村俱乐部、农村文化室，“文化大革命”时期成立毛泽东思想文艺宣传队，农村文艺宣传活动十分活跃。1979年4月18日，光禄公社成立文化站，为全县第一家试点成立的乡镇文化站。2014年，光禄镇创建国家公共文化服务体系示范区，建成“农家书屋”“文化资源共享”工程，开展丰富多彩的群众文化活动。2020年，建成光禄综合文化服务站办公楼，设有图书阅览室1个，藏书3000余册，各类杂志、报纸2000余份；文物展厅1个，展出各类文物、书画作品170余件；电子阅览室1间，电脑15台；多媒体培训室1间，能同时容纳40余人，为全镇文化、科技培训中心。镇政府所在地有广场2个、舞台3个。全镇有农家书屋11个、农民素质教育基层服务点11个、农家书屋管理员11人、村组文化活动室105个。

体育　在元代、明代、清代、民国时期，光禄龙华会举行跑马、踩高跷等体育活动。光禄镇民族民间体育源远流长，有武术、摔跤、拔河、弓弩、火枪射击等体育项目，在少年儿童中流传抓子、跳海、打陀螺、跳绳等体育活动。1988年开始，光禄镇每年举行“龙华杯”篮球赛。光禄镇老年人体育工作起步较早，1999年12月，楚雄州农村老年工作会议在姚安县召开，参会人员到光禄、小邑办事处老年人活动点参观。截至2020年，全镇中小学开设体育课，有体育老师14名，有篮球场14个，镇政府所在地有篮球场1个，有村组篮球场37个，有体育健身器材21套。

朝阳新村文体活动场所（2018 年）

居民生活

生活水平　光禄镇自然禀赋好，历史上曾经是姚安及周边地区的政治、经济、文化中心，人民群众的生活条件相对较好。明代、清代和民国时期，官宦、地主、富农占有大量土地，少地或无地农民被迫租地、借贷、卖工度日，遇干旱、洪涝和兵患之年，时有饥饿、乞讨的人。中华人民共和国成立以后，经过土地改革，无地或少地农民分得土地和农具，农业生产得到发展，人民生活逐步改善。根据姚安县统计局对光禄镇班刘乡农村家庭收支调查，1955 年人均现金收入 25.16 元，人均支出 23.38 元，人均口粮有 203 千克；1957 年人均现金收入 32.67 元，人均支出 30.40 元，人均粮食 187.55 千克。1958—1961 年，农村兴办公共食堂，加上连续 3 年干旱，多数大队出现缺粮的情况。1962—1978 年，生产队扣除生产费用后，兼顾国家、集体、社员三者利益进行分配，社员分配部分占 60% ~ 85%，农村家庭的粮食由村集体根据工分多少和人口数量综合分配，有自留地的农户通过种植蔬菜，实现自给自足，满足生活所需。多数家庭养殖猪、鸡，所养生猪宰杀后一半交国家统购，一半留农户自食。1990年，全镇农民人均纯收入424元，人均粮食477千克。

1978年以后，深化农村经济体制改革，农村经济持续稳定发展，人民生活普遍提高，生活服务消费增长明显。1980年以后，温饱问题得到解决，自行车、缝纫机、电视机逐步进入百姓家庭。1978—1985年，光禄区农户自建房2278户、共计5844间，1985年人均有粮488千克。1994年以后开通程控电话。2001年，累计安装程控电话816部、公用电话9部，开通移动电话中转站，移动电话网络覆盖率达95%。2002年，建成小灵通基站，移动电话得到普及，“楼上楼下，电灯电话”的梦想变成现实。截至2020年，全镇农村常住居民人均可支配收入1.40万元，全镇有汽车1400辆、摩托车3000辆、电视机11600台、洗衣机9244台、电冰箱8088台，人民生活达到小康水平。

社会保障 2011年7月，光禄镇启动社会养老保险制度，当年参保缴费人数达18080人，收缴资金250.52万元。之后每年收取养老保险费，并按政策标准支付养老保险金，实现“老有所养”。2019年，养老保险参保缴费人数15820人，收缴资金260.46万元，向6138人发放养老金，发放金额289.62万元。2020年，养老参保缴费21961人，向6255人发放养老金，发放金额868.43万元。

2007—2016年，光禄镇实行新型农村合作医疗保险（以下简称“新农合”），2017年以后新农合与城镇居民医疗保险并轨，统称城乡居民合作医疗保险。2007年，新农合筹资金额标准为10元/人，随后逐年增加，至2019年为250元/人。2007年，全镇参加新农合28864人，参合率88%；门诊报销金额12.18万元，住院报销47.39万元。2019年，全镇参加新农合31753人，参合率96.7%；门诊报销金额216.86万元，住院报销30.4044万元。2020年，全镇参加城乡医保29879人，参保率93.59%；门诊报销189.44万元，住院报销23.53万元。

从2019年11月开始，城乡低保资金实行社银一体化发放，1—12月发放农村低保资金325.67万元，发放城镇低保资金40.93万元；民政救助176人，发放临时救助资金12.6万元；发放特困人员救助资金46.83万元；发放定期定量补助资金3.85万元；发放冬春救助大米15吨、衣服300套、棉被320床。2020年，共发放农村低保资金327.97万元，发放城镇低保资金8万元，发放救助金70.12万元。

脱贫攻坚 2014年以来，光禄镇把脱贫攻坚作为最大的政治任务，围绕“两不愁三保障”目标，实施精准扶贫。2015年，开展“挂包帮”“转走访”工作，各级干部挂包联系建档立卡贫困户。2016年，精准制定到户扶贫措施，实施易地扶贫搬迁，完成梯子、班刘、小邑3个建档立卡贫困村整村推进项目。2017年，实施扶贫项目7个，建立“爱心慈善超市”4个，成立农民专业合作组织11个，建设肉牛养殖基地1个、冬桃种植基地1个，脱贫攻坚取得决定性胜利。全镇3个贫困行政村和8个非贫困行政村、396户建档立卡贫困户、1346人。2014—2020年，全镇建档立卡贫困人口陆续脱贫，贫困发生率为零，脱贫攻坚工作通过国家和省州评估验收。截至2020年，全镇易地扶贫搬迁52户，拆旧建新145户，CD级危房加固375户，彻底解决贫困群众住房安全问题；落实建档立卡贫困户学生救助，救助学生309人次，发放教育救助资金37万余元；开展建档立卡贫困劳动力培训，贫困劳动力实现新增转移就业617人；建立产业庄园帮扶机制，优先聘用贫困劳动力到庄园务工，脱贫群众人均纯收入稳定高于1.11万元。

精神文明建设 1994年，光禄镇参加全州文明城镇竞赛活动，1996年获B组三等奖。1998年，光禄镇被确定为姚安县文明城镇示范点。1999年，光禄镇被命名为第二批楚雄州文明城镇。从1999年开始，开展创建安全文明户和群众性精神文明创建活动。2001年，开展“创安”和“十星级”文明户创评活动，参评户数7946户，参评率99.5%，888户获得“十星级”文明户称号。2004年，倡导“爱国守法，明礼诚信，团结友善，勤俭自强，敬业奉献”的公民道德规范，精神文明创建活动蓬勃开展。2016年1月8日，光禄镇党委、政府表彰62户“十星级文明示范户”。2015年，光禄社区朝阳村被评为云南省文明村。2017年，光禄社区朝阳村获得全国文明村荣誉称号。2017年11月，建成光禄镇感党恩教育基地、红色家风文化传承中心，组织党员干部和群众参观学习，深入开展“自强、诚信、奉献、感恩”主题教育实践活动。2019年9月14日，光禄镇被命名为第八届云南省文明村镇。2020年9月，光禄社区朝阳村、草海村被云南省民族宗教事务委员会评为民族团结进步示范单位。

光禄古镇旅游景观大道（2018 年）

镇村建设

交通 自秦汉始，西南丝绸之路贯穿光禄镇。唐景龙年间（707—710），“姚州食盐俱仰白井供给，运盐商旅，络绎于途，天长日久，人踏马践，遂成大道，称‘白井大道’”。白井大道，起始于今大姚县石羊镇，经白鹤、七街进入姚安光禄。明嘉靖年间（1522—1566），建造望川桥，是姚安旧志记载光禄境内最早的桥梁。抗日战争时期，修建北起四川西昌、南至祥云的西祥公路，自光禄镇吴海村委会进入姚安境内，经今后营、江尾、旧城 3 个村委会后，再经竹园、西普、官屯、马游等地，从大河口乡麂子村出境到达大理州祥云县。1936 年，开始铺设镇南至盐丰的公路，1941 年修筑完工，在白塔海与西祥公路连接。1945 年，修建老鸦桥至龙华寺的光禄公路。

1956 年，整修西祥公路、镇盐公路，更名为南（华）金（沙江）公路，后又改为南

（华）永（仁）公路。1974年成立光禄公社汽车队，1983年改为光禄区汽车队。1985年，建设江尾至老鸦桥的光禄公路，公路等级为四级。1989年，铺筑草海至吴海段南永公路沥青路面。1990—1993年，修建左门公路，起点为光禄朝阳村。2003年6月，光禄镇境内的南永二级公路建成通车。2016年，建成光禄古镇景观大道。2014年启动县城至光禄二级公路建设，2019年建成投入使用。截至2019年，全镇境内有省道8.7千米、县道19.64千米、乡道51.49千米、村组道路23.13千米。通过长期的努力，光禄镇形成了南永二级公路、左门公路穿境而过，光禄古镇旅游公路实现高等级化、便利化，形成乡道和村组道路四通八达的公路交通网络。

水利

清光绪《姚州志》记载，明清时期姚安水利工程有“七坝十五溯”，其中光禄境内就有小邑溯、塔镜溯。民国《姚安县志》记载，光禄境内水利工程有小邑溯、塔镜溯、太乙溯、左乙坝、右乙坝、积水坝“三溯三坝”。中华人民共和国成立以后，各级党委、政府组织群众“大干水利”，修建大康郎水库、大麦地水库、饮光石箐水库等重点水利工程，建成纵横交错的田间沟渠体系，为工农业生产和城镇建设提供充足的水利保障。截至2019年，全镇有小（1）型水库2座、小（2）型水库7座、坝塘14个，总蓄水能力821.55万立方米，供水能力800万立方米；建成引洪沟10千米，主干渠36.8千米，排灌沟渠65千米；建成水池（水窖）1654个，集镇供水总输水干管长7868米，配水管网268976米，日供水能力近期4500立方米、远期6000立方米，供水规模近期25000人、远期32000人，建设农村饮水工程18个。

大麦地水库 位于蜻蛉河支流光禄镇大康郎河中游，属小（1）型水库，坝高55.6米，坝顶长148.2米、宽5米，控制径流面积42.1平方千米，年供水量402.3万立方米，是烟草援建项目工程，承担着姚安县城和光禄镇的城镇居民生活供水任务。工程于2013年9月4日开工，2017年5月20日全面完工，总投资8900万元。

大麦地水库（2020年）

大康郎水库 位于光禄镇大康郎河下游，属小（1）型水库。由姚安县水工队唐嵛峰设计，于1956年冬开工建设，由光禄、栋川2个区组织劳力1500人兴建，1957年7月建成。控制径流面积35平方千米，库外引水径流面积15.5平方千米，坝高20米，坝顶长119米、宽3米。1988年进行加高，坝高21米。2007年11月至2008年12月进行除险加固，除险加固后坝高21米。

腾坝水库 位于新庄村腾家坝，始建于1962年，坝高14米，径流面积0.91平方千米，灌溉面积360亩。2015年11月至2016年8月进行除险加固，除险加固后坝高14米。

西山冲水库 位于小邑村西山冲，始建于1974年，坝高13米，径流面积0.35平方千米，灌溉面积600亩。2013年11月至2014年7月进行除险加固，除险加固后坝高11.8米。

班刘水库 位于班刘村大冲，始建于1956年，坝高20米，径流面积4.5平方千米，灌溉面积350亩。2012年11月至2013年7月进行除险加固，除险加固后坝高20米。

稻田冲水库 位于吴海村稻田冲，始建于1956年，坝高12米，径流面积4.54平方千米，灌溉面积1250亩。2004年10月至2005年6月进行除险加固，除险加固后坝高12米。

小张冲水库 位于草海工业园区小张冲，始建于1956年，1957年建成，原属草海农场管辖，现由草海工业园区管理使用。坝高13米，径流面积0.6平方千米，灌溉面积300亩。2013年11月至2014年8月进行除险加固，除险加固后坝高13米。

腊梅厂水库 位于光禄社区腊梅厂，始建于1956年，坝高8米，径流面积1.01平方千米，灌溉面积400亩。经过多年使用后因淤积严重降为小坝塘，经光禄镇人民政府争取立项，于2017年11月至2018年6月进行除险加固，再次建成小（2）型水库，除险加固后坝高9.38米。

饮光石箐水库 位于光禄社区饮光石箐龙华寺北面，属小（2）型水库，坝高33.3米，坝顶长170米、宽4米，控制径流面积1.86平方千米，灌溉面积323亩，是烟草援建项目工程。该工程于2017年3月开工，2019年9月全面完工。饮光石箐水库发挥

饮光石箐水库（2019年）

光禄集镇新区（2016 年）

农田灌溉、景区绿化、生态供水、防洪等综合效用，是游客观光、垂钓的极佳场所。

蜻蛉河疏浚 光禄地处姚安坝子下游，长期遭受蜻蛉河水害。清朝、民国时期，每年都疏浚河道，都没有根除洪涝之害。1956 年 4 月，开凿赵家丫口排洪道，扩修吴海至望川桥草海大河 5.3 千米，降低河床，培高河堤。1959 年，正值姚安并入大姚的时期，组织修建东、中、西三条运河，计划开通姚安至大姚的运河航道，最终未能实现，却产生了“运河”之名。1966 年、1973 年、1986 年，姚安县多次组织兴修、扩修运河，安装调节闸，水盈则启，水涸则闭，利用河内蓄水灌溉沿岸农田。1999 年治理东运河，2002 年、2003 年实施中运河和西运河治理工程，拓宽、改直运河，加高河堤，拆除障碍物，疏浚涝区排水沟，光禄坝子再没有遭受严重洪涝灾害。

集镇 光禄集镇原名白塔街，民间也称笋子街，是姚安县历史最为悠久的集镇，也是云南省内著名的宗教、文化和旅游重镇。民国末年，集镇有居民 222 户、人口 1112 人，覆盖范围包括现光禄古镇的回型街和东、南、西、北关，占地面积 44575 平方米。中华人民共和国成立以后，光禄仍然是姚安县第二大集镇，是光禄及周边的左门乡、前场镇庄科、大姚县七街等地群众集会、交流和物资贸易的中心集镇，是姚安下坝子最为繁华的集镇。

20 世纪 80 年代以前，光禄集镇仅为光禄古镇范围。1981 年新开辟下街，随后集镇居民逐步向新街转移，多数手工作坊、商铺、饭店也随之迁移到新街区。1982 年，建成光禄影剧院，面积 850 平方米，有座位 600 个。1985 年，向南关口正面和东、西面扩建延伸，集镇占地面积扩大到 117.83 万平方米，建筑面积 57.98 万平方米，有街道 9 条、总长 2114 米，其中，混凝土街道 2 条、323 米，沥青街道 5 条、751 米。集镇总户数 559 户，人口 2898 人，可以容纳 2.5 万人进行集市交易。1986 年，实施集镇自来水工程。1989 年，完成光禄集镇 10 公顷规划，修建南正街 200 米下水道和附属设施。1998 年，投资 102 万元新建长 317 米、宽 14 米的光禄集镇上街，长 385 米、宽 19 米的集镇下街；投资 484 万元，建成日供水 500 立方米的自来水厂。2000 年，投资 140 万元新建长 531 米、宽 18 米的西大街。2003 年，新建紫霞街长 100 米、白塔路街道长 800 米。

2000 年以后，新建龙华路、龙翔街、凤翥街、龙泉路、紫霞街 5 条街道，全长 1542 米，道路面积 3860 平方米，建设下水道 3186 米，集镇新区建成区面积 0.5 平方千米，原来以回型街和南关为中心聚集的居民及商铺逐步转移到光禄集镇新区。2001 年，规划建设大马桑街，拍卖出让国有土地 13 宗 1770.5 平方米，新建停车场 1 个、生猪交易市场 1 个。2015 年 5 月，实施光禄镇西关村传统村落保护一事一议财政奖补美丽乡村建设及农村环境综合整治项目工程，于 2016 年 8 月竣工并交付使用，覆盖光禄古镇周边的东关、南关和北关 3 个自然村，受益群众 533 户、2056 人，共计投资 220 万元。2016 年，实施光禄集镇主街道修复和绿化、亮化工程，完善集镇供水、供电和通信基础设施。2017 年，建设光禄木塑小镇、旅游景观大道、光禄古镇牌坊和游客接待中心。2018 年，启动占地 104.1 亩的光禄古镇特色小镇核心区棚改安置新区项目，截至 2019 年年末完成总投资 1.5 亿元，安置居民 184 户。

村庄

民国时期，光禄镇村庄有单村、联村两类，多数村庄有村庙和宗祠，民居一般分布在庙、祠的前方两侧，分布密集，房屋多为土木结构，山区还有土掌房、垛木房，人均住房面积较小。中华人民共和国成立以后，部分村庙、宗祠改为学校和生产队的公用房屋，没收地主房产分给贫雇农居住。1955 年，兴建洋派水库，官屯村 51 户、239 人搬入福光村，由水库建房工程处统一规划建设安置房，平均每户补偿 3 间房屋，人均住房面积 14 平方米。1980 年以后，随着社会经济的发展，人们“吃饱肚子，积攒票子，建盖房子”，农村掀起建新房的热潮。2000 年，开展农村电网改造，完成 10 千米 10 千伏线路、20 千米 400 伏线路改造，实行“一户一表”；架通小邑村委会稗子田村民小组的高压输电线路，实现村村通电。2003 年大姚地震恢复重建，启动草海新村建设项目，2005 年灾民搬迁入住新居，至此，光禄镇辖 63 个自然村、158 个村民小组。2000 年以后，随着市场经济的不断繁荣发展，光禄镇从事经商和外出务工的人员越来越多，家庭经济收入大幅度提高，掀起了建盖砖混结构新房的热潮。农村民居由原来的土木结构居多，变为砖混结构洋房占多数。2006 年以后，在政府财政资金支持下，村民小组发动群众筹工筹劳，实施了一批新农村建设、美丽乡村、扶贫整村推进、一事一议财政奖补项目，建设了村组道路、路灯、垃圾池、文化活动室、停车场等基础设施，乡村面貌焕然一新。2017 年，投资 972 万元建设 31 个村民小组活动室，投资 180 万元建设 14 个农村公厕，投资 200 万元实施梯子罗家村危旧房改造。

朝阳特色村庄 2012—2013 年，实施朝阳村易地扶贫、新农村建设项目，依托光禄古镇开发，打造以休闲观光、餐饮娱乐为特色的新农村。项目共涉及农户 216 户，其中易地搬迁 42 户、提升改造 174 户，建设道路、给排水、供电、环保等公共基础设施，按照高起点、低成本和新农村建设的要求进行统一规划、统一设计、农户自建。2013 年 8 月底，农户自建的房屋以及政府财政投入配套建设的道路、给排水等公共基础设施建设项目全面竣工。

张家美丽乡村 2012 年 12 月，编制完成《光禄镇赵家、张家村特色村寨示范点修建性详细规划》，正式启动朝阳村特色村寨建设项目，为农户提供建筑设计方案，指导农户分户建房，统一建筑风格。2013 年，光禄镇赵家、张家建设项目被列为州级特色村

朝阳新村全貌（2018 年）

寨示范点，加强项目资金整合，加大投入力度，按照统一规划、分户实施的原则建设居民的房屋，同时配套建设道路、给排水、供电、环保等公共基础设施。2013 年 7 月底完成房屋主体工程和外立面装修工程，2014 年 7 月完成特色村寨道路、给排水等公共基础设施建设。2014 年 2 月，实施旧城张家美丽乡村项目，建成文化活动室、娱乐广场、休闲亭、篮球场等基础设施，受益群众 73 户、299 人。

何家村增减挂钩试点　2014 年，福光何家村被列为楚雄彝族自治州城乡建设用地增减挂钩试点，通过拆旧村、建新村的方式，将原宅基地复垦为耕地，减少农村建房耕地占用总量，提高土地利用效益。何家村“增减挂钩”建设项目涉及农户 93 户、305 人，其中一期启动 57 户民房集中统建项目，二期启动 24 户，每户住宅用地 120 平方米，建筑面积 284 平方米。通过增减挂钩项目的实施，原村庄复垦耕地 61.78 亩，净增加耕地面积 10.17 亩；置换出建设用地指标 58.63 亩，减去安置新区综合用地面积 30 亩，结余建设用地指标 28.63 亩，人均节约建设用地 0.13 亩。2016 年，何家村被列为危改示范村，投资 300 万元建设村内道路、下水道等基础设施。

国家森林乡村　光禄社区森林保护措施到位，共有省级公益林 1613 亩。光禄山森林的有效管护和修复，为古镇旅游开发营造了优美的环境条件。光禄古镇外围建有千亩荷塘湿地公园、千亩东方玫瑰园、大叠水人工瀑布公园及人工漂流河道。2013 年以来，改造提升人居环境，光禄社区区域内栽植绿化树种 40 余种、10 万余株，美化绿化饮光石箐、景观大道、古镇街道、朝阳新村等区域，建成了自然生态风貌保存完好、乡土田

何福新村（2019 年）

园特色突出、森林氛围浓郁、森林功能效益显著、涉林产业发展良好、人居环境整洁、保护管理有效的生态宜居乡村。2019 年 12 月 31 日，光禄社区被国家林业和草原局评为国家森林乡村。

草海民族特色村寨 草海村位于光禄镇政府东南，地处姚安坝子中心，辖 4 个村民小组，有 9 个民族、44 个姓氏，其中彝族人口占总人口的 58.3%，是彝族传统文化保存较为完整的彝族行政村。因此，草海村又称草海彝村。2011 年 1 月，草海村被列入姚安县首批开展民族团结进步创建活动示范点，制定实施方案，创建标准和考核办法，完善相关制度。通过实施草海民族特色村建设项目，完成草海村民族议事厅、草海二组文化活动室、肉牛养殖科技培训中心、产业示范户扶持等建设内容。2017 年，草海村被楚雄彝族自治州评为第一批民族团结进步示范单位，2018 年被县委、县政府授予“美丽乡村红旗村”及“产业发展红旗村”荣誉称号。2019 年 12 月 16 日，光禄镇草海村入选首批云南省少数民族特色村寨。2020 年 11 月，草海村被评为楚雄彝族自治州“一村一品”示范村。

文物胜迹

光禄镇历史悠久，文化古迹众多，素有“文献名邦”的美誉。自西汉置县以后，在这片土地上修建弄栋城、姚安军民总管府等城池，留下了众多寺庙、宗祠、塔幢、牌坊等遗址。在漫长的历史长河中，高奣映、赵鹤清等文化名流著作丰硕，“小邑拉花”“姚安坝子腔”等传统文化流传甚广。光禄境内的文物古迹、非物质文化遗产，已经成为重要文化旅游资源，成为姚安县对外宣传的重要名片，同时也成为光禄人民共同的精神家园。

古镇街巷

光禄古镇是云南省内保存较为完整的历史文化古镇。古镇以回型街为中心，东关、南关、西关、北关四条街巷连通城外，街道总长1020米，面积7568平方米。古镇商铺、民居建筑风格独特，其中10余处大户民居多为“三坊一照壁、四合五天井、走马转角楼”，融合了汉、彝、白等多民族建筑风格。

回型街　因布局结构为“回”字形，故名“回型街”。龙华寺、文昌宫、姚安路军民总管府均坐西向东，与回型街形成一条建筑中轴线。回型街位于姚安路军民总管府的正东面，原为白塔街、光禄街的中心，其四周的东关、南关、西关、北关四条街巷与城外连通，周边的民居层层向外拓展，整个古镇形成“坤”字形的独特布局，结构严谨而不失灵动。在姚安人的心中，“回”字具有“富贵福禄回环往复，永无止境”的寓意。当地老百姓中有“常在回型街上走，富贵福禄不断头”的说法。街面上的民居“同梁合柱”，背靠而居，一般为两进或者三进，下店上宅或前店后宅，形成“一门一窗一铺台”的商住合一的建筑风格，古时的店铺多为饭店、旅馆、布铺、米店等。2003年启动光禄古镇旅游开发以后，改造提升街道路面，配套路灯、花池、垃圾桶等设施，实施临街民居墙体、门面改造工程，打造旅游景区。2009年，继续实施“回型街”民居改造项目，至2010年完成立面改造任务，包括回型街和东关、南关、西关、北关，累计实施242户民居立面仿古改造，临街店面门窗形成统一的建筑风格。2018年，启动光禄古镇核心区棚户区改造，将居民生活功能区调整出古镇核心区，临街铺面主要经营旅游产品、古玩、特色小吃等，文化旅游功能逐步显现。

东关　从回型东南角向东延伸，连接光禄古镇景观大道，通往光禄古镇牌楼和游客接待中心。东关街巷狭长，青石路面，店铺相对较少。何家大院位于东关，走出东关是光禄居委会、光禄印象庄园、鱼塘、停车场等休闲旅游场所，新建的光禄古镇安置小区也位于东关外。截至2019年年末，东关有2个村民小组，有居民152户、498人。

南关 在回型街东南角与东关形成直角，向南面延伸，连接光禄新集镇龙华路，游客通常从南关牌坊处进入光禄古镇，是东南西北4条关中最为繁华的街巷。古时，南关片区主要居住耕读、经商的人家，杨家大院位于此。清朝时期，马驷良建坊于南关桥外，后来移建于桥上，名为“文明坊”，旧时也称桂香桥。2004年，在南关入口新建“光禄”石牌坊。截至2019年年末，南关有2个村民小组，有居民114户、390人。

西关 从回型街西南角向西延伸，古巷墙高路狭，石径通幽，绵延深远，直达光禄山麓。西关与姚安路军民总管府、福禄广场连为一个片区，张家、丁家、班家、邱家等大院集中于此，巷内商铺较少，但因其通幽的街巷和厚重的历史沧桑感，众多游客喜欢在此散步、拍照，在许多画册、网络上都能见到古镇西关风貌的照片。西关外的小荷塘是光禄古镇开发以来，最早栽种的观赏性荷花塘；文昌宫为楚雄州文物保护单位之一。2019年年末，西关有3个村民小组，有居民175户、664人。

南关入口石牌坊（2016年）

古镇西关（2017 年）

古镇北关（2016 年）

北关 从回型街东北角向北，通向云自登村。光禄古镇北关有马驷良、赵子骧、赵鹤清故居，有维风亭、长春井等文物古迹，光禄中心小学位于北关。古时候，官宦人家主要集中在北关片区，如今还有赵家、马家、苏家的后人居住于此。截至 2019 年年末，北关有 2 个村民小组，有居民 164 户、600 人。

姚安路军民总管府

元代在云南行省下设路、府、州、县四级机构进行管理，姚安路军民总管府治在光禄，为军政合一的管理机构。姚安路军民总管府总管为高氏家族世袭，明清时期此处为姚安府、姚州高氏土衙，故也称高土司衙门、姚安古衙，现为光禄古镇旅游景区的核心区。姚安路军民总管府坐西向东，总体建筑为三横一竖的“王”字形结构，沿中轴线是仪门、一重堂、二重堂、三重堂，两侧有两厢、西花厅等建筑。姚安路军民总管府是保存较为完整的古代建筑群，斗拱错综叠加，雕绘灵动，具有明显的元代以及明清时期建筑风格。军民总管府北面还有建于民国时期的高雪君祠，三重堂西面的光禄山麓有文昌宫。

元代建姚安路军民总管府仪门（2019 年）

仪门　位于福禄广场西侧，为迎送宾客之地，同时也是进出府衙的通道。姚安路军民总管府设生门、正门和死门三道门，其功能作用各不相同。举行重大庆典和朝廷官员前来视察时，相关人员方能从正门进出。生门为衙门的官员出入使用，现为游客进出姚安路军民总管府景点的通道，入口北侧设有景区购票处。死门则是官府审理案件后留给死刑犯通过的门，平时都处于关闭状态。

一重堂　又称勤勉堂，是处理政务之地，通常是官府办公、审案的地方。一重堂面开五间、进深三间，正中大堂对着古戏台和正门。元天历元年（1328），高均明进京朝贡，元文宗感念高家世代忠于朝廷，下诏将姚州升为姚安路，高氏世袭军民总管府总管。姚州升为姚安路时，军民总管府在原有的基础上进行扩建，一重堂是府衙内军政重地，随之进行翻建，其建筑风格极具宫殿式建筑特征。一重堂因四平八稳的结构特点，700 余年中历经战火、地震和风雨的洗礼而屹立不倒。一重堂正堂两侧有联云："惟世济忠孝，自远述职，故姚安升路，乃有承高侯勋德；当宣上德化，勤敏趋事，至军民咸宁，以无负天地荫恩。"反映的是姚州升格为姚安路的历史背景，也是对高氏治姚之道的总结。正堂外对联云："笔端皆民命，一挥莫负苍生托；头上有青天，万事全凭方寸心。"这副对联告诫官员要把老百姓的利益放在第一位，办事审案就像青天老爷一样公平公正，不辜负老百姓的嘱托。

二重堂　又称思补堂，是处理军务之地，是府衙的官员议军、议事的地方。二重堂面开五间、进深三间，正堂议事厅悬"夙夜匪懈"横匾，墙面上是唐代姚州都督府疆域图，议事厅两侧展示兵器装备和文书资料等。二重堂正门两侧摆设弓箭、大炮等兵器，使人进门就有威武庄严的感觉。二重堂有两副楹联，楹联一：“六韬文武在胸中从容坐镇，万里勋名出帐下慷慨皆行。”楹联二：“心照冰壶昼宵一帘琴影静，恩隆芾野春风百里颂声多。”

元代建筑——勤勉堂，2010 年修缮（2019 年）

元代建筑——思补堂，2010 年修缮（2019 年）

三重堂 又称怀远堂、玉振堂，是古代官员生活起居及平时审阅文案、读书的地方。元朝姚州升姚安路军民总管府扩建府衙时修建，清朝中后期废弛后修建其他建筑。2011 年，在原址重建三重堂。现在的三重堂面开七间、进深三间，内设展台，展示姚安文化名人的书画、著作。2013 年 8 月 2 日，在军民总管府三重堂揭牌成立“滇中国学院”。

两厢 一重堂前南北两厢，每厢面开三间，内设吏、户、礼、兵、刑、工六房，对应朝廷“六部”设置，分工处理军政事务。二重堂两侧有两厢，分别设“会文馆”和“会武馆”，每厢面开五间，是接待文武官员的地方，也是文武官员的议事厅，体现了姚安路军民总官府文武同治、军政合一的建置特征。现北侧的会文馆内，展示经史著作、书画作品等。南侧的会武馆内，展示兵书和宝剑、弓箭等武器。

2011 年原址重建的玉振堂（2019 年）

2010 年重建的二重堂北厢房——会文馆（2019 年）

2010 年重建的二重堂南厢房——会武馆（2019 年）

西花厅 位于军民总管府中轴线南侧，是古代官员及家眷起居、休息之所。如今的西花厅中间有一个过厅，两侧各有三间房，分别是“春华”“秋实”两个会客厅，供游客在此驻足休息和品茶。西花厅东、西两侧有两个小院，内有花圃、廊榭、亭台，环境幽静。西边的小院内有戒石亭，椽柱上楹联云：“长吏多从耕田凿井而来，视民事须如家事；吾曹同讲补过尽忠之道，凛心箴即是官箴。”

2010 年重建的西花厅（2019 年）

2010 年修缮的古戏台（2011 年）

古戏台 从仪门的正门进去，正对一重堂的院内设有一个古戏台。在朝廷官员到来的时候，打开庄重严肃的正门进行迎送，其余时间可以将正门关闭，在其背后的古戏台宣传儒家思想，开展礼仪教化。古戏台修建于清代，戏台平面呈凸字形，单椽卷棚顶，台上设耳房两间，门楣及侧壁有花格纹饰。戏台椽枋下悬黑底金字“礼乐遗教”横匾，四根椽柱上挂楹联两副：“古今人何处不相及，天下事当作如是观”“雅颂遗韵汉唐风，丝竹留音天地乐。”古戏台的设置，是姚安路军民总管府与其他古衙门最大的差异，它反映了姚安历史上内地传统文化和边疆民族文化的相互融合、相互包容，建筑风格具有古代府衙的庄严，但在其功能上又体现结合实际需要的变通。

文昌宫 位于光禄山东麓的凤岫山，距姚安路军民总管府三重堂西面外墙 30 余米。清乾隆年间（1736—1795），光禄人鲁印姬等倡建文昌宫。清同治十三年（1874），赵子骧、马驷良倡议重修。文昌宫为三重堂，第一层为魁星阁，楼厅有魁星塑像。第二层为大成殿，匾额曰“鱼跃鸢飞”，楼厅有儒家“五圣”孔子、颜子、曾子、子思、孟子塑像。有一联云：“德配天地，道贯古今。”第三层为正殿，匾额曰“经纬天地”，有文昌帝君塑像，正殿阶沿有大理石雕围栏。北厢外有小花园，建于悬崖之上，赵鹤清在

2017 年修缮的文昌宫（2019 年）

花园西面用石叠一假山，盘曲如龙，引山泉水由假山上部龙口中奔流而下，俨如瀑布。园内植牡丹一株，每年花开，地方绅耆、文人相邀宴饮于此，谓之“贺牡丹”。园内有“飞来石”，高丈余，相传由天外飞来，原系侧卧，清光绪二十七年（1901），赵鹤清集乡人将其竖立园内。其上镌马驷良书“飞来石”三字，并赵子骧题诗云：“此石闻飞来，从前在何处？到此几多年？胡不他山去？”邱崃峥、赵鹤清等亦有题字。2005 年 8 月 23 日，文昌宫被楚雄州人民政府列为第二批州级文物保护单位。2014 年 2 月，启动修复文昌宫，于 2017 年年底完成修缮工程。

福禄广场　福禄广场也称高雪君广场，位于光禄古镇西关，在姚安路军民总管府正东面，古时候为演武场和举行盛大活动的地方。游客从光禄古镇回型街进入福禄广场，广场入口牌坊上方有题字“德润民安”，广场南北两面为销售旅游产品的店铺，西面姚安路军民总管府大门前有一个宽大的舞台。福禄广场舞台是姚安县举行大型文化活动的地方，曾经在此举办 2010 年的云南省第一届花灯艺术周和 2011 年的云南省花灯灯谜大赛。每年龙华会、荷花节期间，福禄广场都会举行花灯、梅葛和舞龙舞狮表演，沿街商家会展销藕粉、山药、蜂蜜等土特产品。

古民居

高曾焕旧居（2020 年）

高曾焕旧居 位于光禄镇光禄社区塔脚村，为普通四合院建筑，由正堂、南厢房、北厢房、面房和大门组成。面房的北山墙、后墙及庭院四周的台阶沿壁上，都镶嵌有精美砖雕，为清代中、晚期的压印雕，砖雕总面积 60 平方米。其中，山墙风火墙下面镶嵌有 8 层砖雕，呈正方形，规格为 4 米 ×4 米，四周有飞砖镶边；后墙砖雕共 4 层，长 16.6 米，高 1.6 米；上排砖雕高 1 米，长 10 米。砖雕与砖雕之间又以竹节形小砖作装饰。院心四周的阶沿上镶嵌一层砖雕图案，有麒麟、鹿、凤凰等神兽，梅、兰、竹、菊“四君子”，造型精美，雕工精细。北侧是雄伟精致的大门，门楣上方是用大理石镌刻的“庐陵世第”。高曾焕是大理国高氏后裔，与光禄高氏同宗，远祖来自江西庐陵县。2010 年，高曾焕旧居被列为县级文物保护单位。

赵子骧、赵鹤清故居 位于光禄古镇回型街北关，面积 491 平方米，与马驷良故居仅有三步之隔，故有“三步两道台”之佳话。赵子骧为清光绪年间（1875—1908）河南汝南道台，其子赵鹤清为民国时期书画名人。赵子骧、赵鹤清故居大门为碉楼式两层建筑，现保存完好。从大门通过南面房屋的过道是一个 40 余平方米的院子，院子东、南、西三面建有房屋，其中多数房屋已经重建，保留的遗迹不多。

赵子骧、赵鹤清故居（2019 年）

马驷良故居 位于光禄古镇北关赵子骧、赵鹤清故居东侧，面积 323 平方米，为清朝末年浙江宁绍道台马驷良故居。原来的大门没有留存下来，院内多数房屋已经重建。

杨家大院 位于光禄古镇回型街南关口，整体建筑群坐西朝东，依次由街面、前院、中院、后院四重堂组成 3 个四合院。每院正方面阔 6 间，共计房屋 35 间，为土木结构。整体建筑规模较大，布局匀称，结构严谨，院院紧密相连相通，为光禄古镇内保存较为完整的传统民居建筑群。中院建筑年代最为久远，具有明代建筑特点，前院建筑有清代中、晚期的风貌。其建筑特点有明显的白族风格和中原汉族文化建筑特色，是多民族文化融合的产物。前院正房的后墙作为后院的照壁，照壁上绘有精美的淡墨书画。大门的上方均用精致的古式花砖砌筑，用有图案的勾头瓦铺筑，呈“八”字形，构造独特严谨，艺术性强。门额上有用大理石镌刻的“关西世第”。基础石脚的部分砖雕构件为牡丹、花鸟图案。厦柱头及穿枋雕刻有龙头鱼尾和弘纹图案，门面装饰部分的古式花格窗与院内古四方砖相得益彰。整座建筑古朴，精美气派，具有历史、文化艺术价值。后院是 1912 年担任姚州第一届参议会议长的杨国文扩建的。杨家大院历经沧桑巨变，虽被保存下来，但部分建筑已被拆盖钢混建筑，大部分门面装修已被改变，原有风貌遭到破坏。2010 年，杨家大院被公布为县级文物保护单位。

张家大院 位于光禄古镇西关口。张家大院是传统的“一颗印”式四合院民居，坐北朝南，正房三间，左右各有两间耳房，称“三间四耳”。四合院内所有房屋均为两层。门窗均为镂空雕花，廊柱滚圆粗实。住宅外有高墙护卫。大院内有一口上了盖的古井。据说古井里面的水纯净甘甜，即便是大旱之年，也不会干涸。张家大院是晚清进士张鹤的住宅。1925年，张鹤告老还乡之后，在张家大院设立私塾。如今，张家大院经过修整，改造成了古色古香的客栈。房间和回廊的地上，都铺设了红木地板，现代化设施一应俱全，是一个幽静的休闲居所。

宗祠

河里渡杨氏宗祠 位于光禄镇小邑村河里渡自然村，距光禄镇驻地3千米。宗祠始建于清光绪年间（1875—1908），整体建筑坐西朝东，抬梁式，土木结构。由正堂和南北两厢房、牌楼式山门组成。正堂面阔三间，单檐歇山顶，前后无廊，出檐较长，屋脊较高，有吻兽、宝顶，两边山墙收进较多，有封火，举架平缓，屋檐下有斗拱，门面是雕花隔扇门。建筑的各部分都保存完好。殿内有楹联“自关西分派，源远流长咸思报本；于栋北开基，地灵人杰代有学文”。堂内屋心、过道、院心，均用古代四方砖块和长条古砖铺砌。南北两厢面阔均为三间，进深均两间，单檐硬山顶，分上下两层，檐下无斗拱。楼下门面为雕花隔扇门，已改变原有风貌。南北两耳面阔均一间，进深均两间，单檐硬山顶，分上下两层，檐下无斗拱，楼下门面雕花隔扇门已改变原有风貌。山门为牌楼式，面阔三间，进深三间，分楼上楼下两层，主间较为突出，八角顶，楼下为通道，楼层为表演之戏台，每至节日和村里办喜事，村里群众均在此组织表演“小邑拉花”。杨氏宗祠是杨氏家族集祭拜祖宗和开展文艺娱乐活动于一体的多功能文化场所，具有厚重的历史和丰富的文化内涵。解放后为小邑村委会驻地，现为老年活动中心。2010年，被姚安县人民政府公布为县级文物保护单位。2014年，被州人民政府公布为州级文物保护单位。

朝阳李氏宗祠 位于光禄镇西关凤岫山麓的朝阳村南侧。整座宗祠依山而建，坐西朝东，建于1938年，由正堂、两厢、正门组成，占地面积402.78平方米。正堂三间，进深三间。结构为单檐布瓦，硬山式顶。两厢对称，面阔均为四间，进深两间。农业合

河里渡杨氏宗祠（2020 年）

作社时期用作加工厂，改革开放后进行承包经营。2000 年 1 月 15 日地震后，由李氏家族收回管理。2010 年，被姚安县人民政府公布为县级文物保护单位。

朝阳李氏宗祠（2019 年）

小邑李氏宗祠 位于光禄镇小邑村西北。据李氏后裔李德从“建李氏宗祠碑记”所载：小邑李氏宗祠建于清同治十三年（1874）七月，由李德从及李氏后裔倡建，后经李氏后裔几次修缮。历经多年风雨，宗祠原来的建筑风格遭到损坏

小邑李氏宗祠（2020 年）

和改变。现存正堂三间和门厅三间。原有的北厢已毁，南厢则是现代建筑。正堂三间，进深三间，分楼上楼下两层，建筑特点为古代民居式建筑。门厅三间，进深三间，两层式土木结构瓦屋架。院内有古柏。据民国《姚安县志》载，小邑李氏始祖为李万春，明洪武十六年（1383）为平定自久起义，随军到姚屯垦小邑，并与当地人通婚生子，繁衍后代，历经 600 余年发展成为小邑李氏家族。

旧城何氏宗祠 位于光禄镇旧城村，宗祠依山势坐西朝东。始建于明末清初。现存建筑由正堂、南北耳房、南北厢房组成。原有山门，现已毁。正堂面阔三间，进深四间，单檐歇山顶，前后无廊，出檐较长，屋脊较高，有吻兽、宝顶，两边山墙收进较多，有封火，举架平缓。堂内宽敞、明亮，门面装修早废。正堂过道上方山墙上保存有赵鹤清的淡墨山水画。两耳与正堂共用一座墙体。1940 年，赵鹤清到旧城百老庵，发现高奣映石刻手迹——品水碑，便在碑刻的左下角题刻一段文字，要乡人妥善保护，并将品水碑镶嵌于何氏宗祠正堂与南耳房相连的山墙上。高奣映题刻为行草书体，赵鹤清题刻则为隶书。两书镌刻时间相距两百余年，至今保存较为完好，是珍贵的历史文物。两厢面阔三间，进深三间，走径式民居建筑，结构单一。正堂主间中柱上原刻有“弄栋为祠，生面别开临塔镜；旧城序族，孝思维则祖卢江”。中华人民共和国成立后，何氏宗祠为光禄镇旧城粮点仓库，1982 年又为旧城小学校址，现为旧城村民委员会老年协会。2010 年，被姚安县人民政府公布为县级文物保护单位。

旧城何氏宗祠（2020 年）

江尾下村张氏宗祠　位于光禄镇江尾下村，始建于清道光年间（1821—1850），1916 年重修。现存正堂三间和南厢三间。北厢及祠门已毁。张氏宗祠坐西朝东，正堂进深三间，单檐硬山式顶，前后无廊，结构单一，前厦檐承重与横梁衔接处的雕花工艺精美。南厢进深也是三间，前无厦，两山墙有封火，建筑较为低矮。据张氏宗祠碑记载，张氏始祖为张舟，原籍南京，明洪武十六年（1383），随军平定战乱后落籍九街，与高氏等十氏共用宗祠。明代中叶，张氏人口渐增，迁居江尾村。张氏家族人丁兴旺，人才辈出，后裔多次捐资建盖张氏宗祠。原宗祠内有神龛，门面有雕花门窗。

江尾布氏宗祠　位于光禄镇江尾布家村，建于清光绪十二年（1886）。宗祠坐南朝北，属于二重堂布局的古代建筑群，由正堂、过厅和祠门组成。正堂面阔三间，进深四间。屋前有过道，没有厦子。屋顶为单檐歇山顶结构，举架平缓。两山墙往里收进，有封火墙。门面的主间装有雕花门扇。门扇上刻有《大方便佛报恩经》经文，字体劲秀。雕花门扇两侧有古式花窗。门额上悬挂有兵部侍郎、云南巡抚赠送戊午科举人布文星“解元”匾额一块。过厅面阔三间，进深四间，平房式建筑。在宗祠的西侧，与宗祠紧密相连的是观音殿。观音殿建筑由正殿、西北两厢组成。观音殿正殿与宗祠过厅同列、同向。建设年代和建筑风格都与宗祠一致。殿东山墙上嵌有“署楚雄府姚州正堂即用县正堂加三级记录十次陆为碑印”碑文。2010 年，被姚安县人民政府公布为县级文物保护单位。

馆藏文物

毗卢遮那佛坐像 铜铸佛像一尊，高 2 米，头戴佛魁，趺坐莲台，两手结成妙音天印，有项珠 3 串，经鉴定此铜佛造型为释迦牟尼佛之化身毗卢遮那。铜佛浇铸于明代，原存于光禄佛陀山至德寺，1957 年迁至县城德丰寺，现为姚安县博物馆馆藏珍贵文物。

铜钟 铸造年代不详，原置于光禄佛陀山至德寺，1957 年移至姚安县城德丰寺。铜钟高 1.38 米，周长 2.85 米，口径 0.95 米，厚度 0.04 米，顶部为二首同身龙形鼻纽，二首四足连于顶部以利悬挂，肩部纹饰为俯视莲花瓣。钟身铭文分为上下两段，每段分四边，其上段铭文“皇图巩固”“帝道遐昌”“佛日增辉”“法轮常转”，以凸字铸于四面，其间为类似竹筒形的条锦各 18 条，条长 0.22 米、宽 0.025 米，每条均刻有阴文佛经；下段铭文“东方持国天王”“南方增长天王”“西方广目天王”“北方多闻天王”铸于四方，其间亦有竹筒形条锦，条锦长 0.28 米、宽 0.02 米～ 0.03 米。

高奣映铜像 铸于清康熙年间（1662—1722），为高奣映晚年自铸像。铜像长 1.7 米，重约 200 千克，距今已近 300 年，由姚安本土所产的红铜烧铸而成，铜质优良，工艺细腻，造型生动。铜像胸腹袒露，仰卧，头枕葫芦，面略侧右，双眼齐闭，两手搭肩，两足弯曲相交，呈“安”字形。身着古代儒家衣履，发椎髻，头枕的葫芦口略微上翘，底部铸有凸起铭文，“陈华山再来人”题词：“有酒不醉，醉其太和；有饭不饱，饱德潜阿。眉上不挂一丝丝愁恼，胸中无半点点烦嚣，只是一味的黑甜，睡到天荒地老。”膝部右襟上铸有凸起铭文：“屈子曰，众皆睡，我独醒。夫夫人也，而反是不中山之酒，睡则千千日，不縻盅乎王事，不劳困其肌骨，胸中贮有烟霞，一睡乃逾三万六千日。”

铜钟（2020年）

铜鹿（2020年）

落款为“雪君”字样，铭文五行，每行十六字，上有“高斎映”篆字印章，两处铭文皆为楷书，均为雪君自题。高斎映铜像原供于光禄高陀山至德寺，1957年迁至姚安县文化馆。现为姚安县博物馆馆藏珍贵文物。

铜鹿 红铜浇铸，高0.93米，长0.72米，重约60千克，站立在一块铜座上，昂首，睁眼，开口，竖耳，垂尾，面向右侧，似受惊之状。据传铜鹿与高斎映铜像同时铸造，但铸工比铜像逊色。铜鹿原有一对，后遗失一只。原置于光禄高陀山至德寺，1957年移至姚安县城德丰寺。现为姚安县博物馆馆藏珍贵文物。

高斎映石狮 大理石狮子一对，分别坐在一块石板上，一雌一雄，一只开口，一只闭口。每只高0.94米，头尾之间长0.7米、宽0.43米，雕工细腻，肋骨清晰，形象生动。现为姚安县博物馆馆藏珍贵文物。

据传高斎映幼年时回丽江木府外公家，临返姚安，外公问想要什么礼物，高斎映趴在木府门口的石狮上不肯下来，也不说话。木府土司就把石狮送给他，运回姚安。后来，高氏赠送给文庙，1955年移至姚安县文化馆。

玉佛 汉白玉，高0.5米，质地精美，圆润光滑。佛身右肩袒露，手持火天印，盘坐于椭圆形座上，袈裟搭于座边。系龙华寺僧人从缅甸请回，供奉于龙华寺。现收藏于姚安县博物馆，为馆藏珍贵文物。

《径山藏》 明万历十七年至明万历三十七年（1589—1609），姚安人陶珽、陶珙等赞助紫柏和尚，在浙江嘉兴刊刻径山寂照庵的方册本《径山藏》，当“正藏”部分刻好

高奣映石狮（组图）（2020年）

之后，陶氏兄弟送回姚安。后来，明末清初又有“续藏”“又续藏”之刻，楚雄九台山悉庵、宗灯二僧相继到江南请藏，故光禄至德寺、龙华寺藏有“正藏”“续藏”。中华人民共和国成立后，《径山藏》移至姚安县文化馆，经过1974年和1979年两次清理，共有经书1913册，其中“正藏”1271册、“续藏”642册。1979年8月，从姚安运往云南省图书馆收藏。光禄至德寺、龙华寺藏有的《径山藏》，由明朝姚安知府李贽的学生陶氏兄弟赞助刻印，保存较为完整，具有很高的文献研究价值。

高量成画像　宋大理国相国高量成画像卷轴一幅，绢质，长1.49米、宽0.86米，宋代文物，现为姚安县博物馆馆藏珍贵文物。

高氏族谱　卷轴装，白棉纸质，宽0.5米、长5米。族谱记载高氏自始祖高翔至五十四世高厚德的世系和官职，族谱纸质接缝和各世系上盖有红色印章，印章文字一半为汉字、一半为满文，制作年代最晚应在清雍正年间（1723—1735）。族谱原藏于光禄旧城海西庄高周兴家，1983年高周兴去世前交女婿武佑龙和女儿高文贞保存，1984年武佑龙、高文贞夫妇捐出族谱。

高奣映、赵鹤清同碑手迹　在光禄旧城村何家祠堂正殿与南耳房相连的山墙上，镶嵌有一块高奣映、赵鹤清二人镌刻的石碑真迹。碑质为青砂方块石，碑面呈青灰色，碑

高翕映、赵鹤清同碑手迹（2020 年）

长 1.1 米、宽 0.7 米，四周有同心圆纹饰的雕花飞砖镶边。石刻碑文为阴刻，正文为结璘主人高翕映于清康熙三十三年（1694）镌刻，竖排计 16 行、207 个字，字体为行草，飘逸潇洒，俊秀劲美，碑文为："蛉水以中泉为胜，余名之曰湛月。盖山为庚龙山，烹之芬冽流甘，入舌滑细，其神甚结，其骨甚清。涤面数月，黟者白皙，久之易温腻。至如其上泉，泥泉也，名浴月，其气糁糁搏人，舌质肥无神，恒试之，诚不任饮，惟灌蔬取之。烹香洞一泉，名茗泉，以茗为晚茶，其水如贵家清弱子弟，闭户读书久，常无雅况，然筹（箸）人便觉气缩，令饮者生可怜心。于晚也，颇似总弗及中泉之大家矩度，学士风流，神仙高韵，豪华壮瘦，莫不备具。人间水何以香雪气正，当到（至）于舌上求之，遇夫神表，不仅以舌论也。甲戌梅花大放，十日游春溪归题书。结璘主人。"赵鹤清隶书题跋位于碑的左下角，字体为隶书，共 9 行、130 个字，镌刻于 1940 年，碑文为："太外祖高雪君先生晚居结璘山，自号结璘主人，著书七十余种，以文章著，而不闻以书法传。乡人重其文，因亦重其书，每得片纸只字，珍若拱璧。此碑款书别号，乡人不识，用作顶门石，断而为二。经余发现，始嵌诸姚安县旧城村百老庵壁，特书数语，嘱乡人宝之。碑书甲戌，盖康熙三十三年也。民国二十九年冬第七代外孙赵鹤清敬跋。”两文镌刻时间相距 245 年，一块石碑同时镌刻有两位不同时代的云南著名历史文化名人的书法真迹，具有较高的历史价值和文化艺术价值，是研究高奣映哲学思想的重要实物史料。

遗址

弄栋城址　弄栋县城遗址，位于现在的光禄镇旧城村后高陀山。西汉元封二年（前109），汉武帝在西南夷地区设置益州郡，下辖 24 个县，弄栋县是其中较大的县之一，辖今姚安、大姚、楚雄、广通、元谋等地，弄栋县城是古代治滇重镇，是云南省内历史

弄栋城址——高陀山（2020 年）

较早的城址之一。据姚安县文化馆考古调查，弄栋县城范围东至白塔海，南至海西庄南山岗，西至高陀山顶，北至九街、塔脚村，依山势向东绵延。南诏国、大理国时期，在原城基础上再筑新城，置弄栋节度。后年久城废，至今在高陀山南北两面尚有依稀可见的城垣基础，曾出土印有“大宝元年”的有字瓦和梵文砖。今山下之村，仍名旧城，亦出于此。

白塔 原名北塔，因方言“白”与“北”音同，以讹传讹演变为“白塔”，又因建于高陀山，亦被称为高陀山塔。白塔始建于大理国段正兴时期，即南宋绍兴二十四年（1154），疑为高氏家族所建，是姚安境内建筑年代最早的一座佛塔。塔高十五级，于清乾隆年间（1736—1795）倒塌。经考古调查，在原白塔倒塌处发现塔砖，砖上有“大宝六年甲戌”字样及梵文。

结璘山馆 位于光禄镇梯子村，地处姚安、大姚两县交界处，三面环山，面向东方。林木葱茏，晨岚暮霭，环境幽静，又有涧水奔流，旧时有通志堂、清远楼、梦远楼等诸胜，现仅存遗迹。相传明清之时，结璘山是高氏土官家的“后花园”。清朝初年高奣映辞去土官之职后归隐结璘山，创办结璘山馆，一边收徒讲学，一边著书立说，成为清朝初年享誉川、滇两省的思想家。

凤岫书院 位于光禄镇凤岫山，即现在光禄镇人民政府所在地。清光绪年间（1875—1908），马驷良在此创办凤岫书院。清光绪三十年（1904），废除科举，凤岫书院改为栖凤学堂。20 世纪 60 年代，在此设立光禄中学。2011 年，光禄中学与草海中学合并，校址搬迁至原草海中学位置。2013 年，光禄镇人民政府搬迁至凤岫山。

至德寺 位于光禄镇旧城村高陀山上，与光禄山龙华寺隔大康郎河相望。南明遗臣高耀在大理鸡足山出家为僧，后到昙华寺，最后回到姚安，开建至德寺，为僧以终。寺内有铜鼎、铜鹿等古器，铸工极佳，高奣映铜像也曾供于寺内。之后，至德寺年久失修。1965 年 7 月被拆除，其木料用于建盖县医院。现仅存遗址。

栖霞寺 位于光禄镇小康郎，明崇祯五年（1632）姚安路军民总管府土同知高齐斗倡建。清康熙年间高奣映续建。现仅存遗址。

三圣宫 位于光禄古镇北关，清康熙年间（1662—1722）土同知高厚德所建，民国时候改建为光禄附设中心小学，现为光禄中心完小。

维风亭 位于光禄古镇北关。清康熙年间（1662—1722）高氏土官高厚德所建，初名“讲约所”，每月初一、十五，在此集乡人讲乡规民约。之后，因年久失修而倒塌。

清光绪二十七年（1901），重新修建池塘、叠石和亭台，存放书报以供阅览，并讲习礼乐，因而更名为“维风亭”。

文明坊 旧名桂香桥，在光禄镇南关外。清同治十三年（1874），马驷良倡建一坊于桂香桥外。1925 年，赵鹤清将此坊移建于桂香桥上，更名为“文明坊”。今已不存。

百老庵 位于光禄镇旧城村，清初高氏土官高奣映倡建。古时从民间选择德高望重的耆老近百人，在此评剖光禄地区民间纠纷，故得名。今已不存。

赵鹤清滇南名胜图之姚安维风亭

忠爱坊 位于光禄镇姚安路军民总管府北侧高氏宗祠。1920 年，高氏后裔高复亨率族人在原址重建。刘芾题有“忠孝两全名父子，安危共济古君臣”。后被拆除，现已不存。

让公故里 位于今光禄镇姚安路军民总管府旁。1926 年，高氏后裔高国梁等倡建，赵鹤清题额为“让公故里”。后被拆毁，今已不存。

塔镜溯湖 位于光禄镇旧城村高陀山脚下。东有长堤，古木葱郁，山巅有古塔，倒映湖中，故得名塔镜溯湖。山脚为海西庄，村居临水，垂杨万株，春秋佳日，风和日丽，缓步堤上，万顷晴波，远映天碧。来到此地，犹如置身画卷之中。

桂香桥 位于光禄古镇回型街南关。民国时期，桂香桥四面均为农田，因地势较低，大康郎河水量丰富，堤边遍植杨柳，盛夏时节四围水田蛙声阵阵，蜻蜓翔集，水鸟翻飞，胜似江南水乡。现已不存。

登瀛桥 位于光禄古镇回型街北关外，在明朝时高让公故里坊旧址兴建。清咸丰、同治年间（1851—1874）毁于战乱。1926年，赵鹤清倡议重建，成为旧时光禄八景之一。古桥为亭阁式屋顶结构，四角缀有风铃，亭中设有长凳，行人可在此休息，观赏四周景致。桥下河水量小，河底卵石砾砂铺就，孩童可在河中嬉戏。河边有高大的朴树，浓密的树冠给四周遍洒绿荫，夕阳西下时，北望云自登村彩云飘逸，西眺光禄山暮色苍茫，一派高原雄浑景象。

望川桥 位于光禄境内蜻蛉河上，建于明万历年间（1573—1620），始为木架，明嘉靖十八年（1539）建成石桥。现已不存。

至德泉　位于至德寺内，故名至德泉。凿于明末清初。水清洌，冬暖夏凉，清初姚安诗人黄中理题名。现已不存。

七星井　位于光禄镇高氏宗祠内，凿于元末，水涌出七孔，味清洌，故名“七星井”，可供100余户饮用。姚安路军民总管府景区现仍抽取井水浇灌花草。

长春井　光禄古镇北关，凿于明朝末年，味甘洌，可供300余户居民汲用。赵鹤清题名“长春井”。现仍为周边住户备用水源。

小邑村井　位于光禄镇小邑村，凿于明朝初年，干旱年份亦有井水可供周边村民饮用。现仍为周边住户备用水源。

长春井（2019年）

小邑村井（2020年）

光禄古镇东方玫瑰谷食用玫瑰（2020 年）

龙华古刹

龙华寺位于光禄山东麓，始建于唐天祐年间（905—907），原名卧佛庵，又名活佛寺，为云南省内保存较为完整的古建筑群之一，楚雄州内最古名刹。龙华寺依山而建，坐西向东，建筑规模宏大，布局精巧，错落有致，有明显的中轴线，为古代宫殿式建筑。寺内建筑由山门、钟鼓楼、天王殿、两厢、正殿、圆通殿、地藏殿、后轩北院等108间房屋组成，占地面积5400平方米，建筑面积4400平方米。寺内砖雕、木雕、石雕、书法、绘画、木质佛龛，均具有很高的宗教、艺术和历史文化研究价值。2006年6月，被公布为全国重点文物保护单位。

古寺建筑

山门　龙华寺山门前古柏参天，境地幽胜，视野开阔，俯瞰姚安下坝子，田园平畴广川，阡陌纵横，村庄星罗棋布。山门为牌楼式建筑，屋脊设计精美，门前两侧有一对石狮子，大门的两侧佛龛内有哼哈二将塑像。大门上方匾额“龙华古刹”，两侧对联是由人龙题“佛生极乐世，山辟大唐年”。进入山门后是一个长方形小院，山门背后左右两侧的墙壁上是赵子骧之子、民国时期有“诗书画三绝”之称的云南文化名人赵鹤清所绘的龙吟虎啸图，龙吟图中神龙见首不见尾，虎啸图中老虎栩栩如生。龙吟虎啸图是寺内极其珍贵的艺术作品，当人们驻足欣赏龙

龙华寺山门（2017 年）

龙吟图（2019 年）

虎啸图（2019 年）

吟、虎啸两幅图，不管走到哪个角度，都会感觉到随时被画中的龙和虎的眼睛紧紧地盯着。两侧另有赵子骧的族弟赵子骍所作对联“到此方知官是梦，前生安见我非僧”。

照壁 进入山门的院子与钟鼓楼前的二院之间有一方长 11 米、高 5.5 米、厚 0.8 米的照壁，墙体用土坯砌筑，边缘为“金包银”，顶为小青瓦，墙体由大量精美的砖雕构建，外观造型舒展，线条优美，朴素大方。照壁檐下有墨迹书画 5 幅，均为云南著名的历史文化名人作品，体现了龙华寺深厚的历史文化底蕴。

钟鼓楼 从照壁两侧进入第二个院子，院内有花台、石阶，院子两侧为钟鼓楼，左右对峙，面宽三间，进深两间，有前廊，瓦顶为重檐，布瓦悬山式，上层阁楼，中阁主间有三层，顶层小牌楼一间异常突出。第三层阁楼分别悬挂大钟和大鼓，并留有圆形和四方形开窗。顶层屋架四边有清代斗拱，并筑有四方八字形瓦顶。钟鼓楼楼阁高耸，雕刻精细，彩绘夺目。鼓楼有匾云：“法雷大震”，联云：“天鼓鸣时众仙拱，法雷震处鬼神惊”。钟鼓楼中间院子的青石地砖块块都是“中间开花”。古人之寓意有三：一是为保留其完整故意从中间弄碎，以防止古砖被盗；二是光禄四季如春，破碎处自然长出的青草可绿化环境，既美观大方，又环保吸尘；三是“步步莲花”，告诫佛门中人离红尘、入净土。

天王殿 天王殿即为前殿、过厅，面宽七间，进深四间，前后有廊，瓦顶为重檐，布瓦悬山式，上层为阁楼，阁楼前后开窗，屋脊显著。该殿前后均为四合院，建筑装饰保存完整。天王殿正中是弥勒佛塑像，殿内置四大天王像，以祈愿天下风调雨顺、国泰民安。

龙华寺照壁（2019 年）

钟楼（2019 年）

鼓楼（2019 年）

天王殿（2019 年）

东方持国天王代表要尽职尽责，护持国土，手中琵琶表示做人处世要松紧适度。南方增长天王代表要增长善根、护持佛法，手持宝剑表示要“快刀斩乱麻，慧剑断烦恼”。西方广目天王代表要看清世界，从容应对一切，手缠龙索表示神龙见首不见尾，世间万般皆无常。北方多闻天王代表要守护佛法，维护好如来道场，手中宝伞表示要遮挡各种污染，不要轻易为他物所左右。天王殿梁上匾额是明代进士陶珽所书“龙华一会”。二层阁楼原为藏经楼，海内罕见的明代民间刻本经书《径山藏》（又称《大藏经》）曾藏于此。

水池　位于菩提女塑像前，天王殿西边，走道栅栏边，三面楼房天井间，南北长 10 米，东西宽 5 米，深 1.6 米，可容水 80 立方米。池水引自龙华山饮光石箐大龙树下自然涌出的山泉，经暗沟引入寺院，由水池上方石雕龙头口喷入水池，为寺院防火设施，以确保古刹房屋安全。池水清幽，鱼儿戏水，池边两侧花台内种植观音柳、紫竹、扶桑花等，吸引游客流连欣赏。

两厢　从水池两侧上台阶来到一个院落，院子西面是大雄宝殿，南北两面分别是南厢房和北厢房。南厢房为禅堂（曾有匾额“最要安心”），内有禅床，墙上有体现佛教艺术的白描菩萨造像壁画，里面有圣僧殿，供奉唐玄奘法师的法像。北厢房为客堂（曾

大雄宝殿（2019 年）

有匾额“可能知味”），供有唐玄奘法师法像和观音菩萨瓷像。两厢房之间的庭院大花坛内种植柏树和金桂，周围还有玉兰、牡丹、芍药、兰花、玻璃翠、三角梅、昙花、鹤望兰、绣球花、茉莉花。花坛上、栏杆下、佛龛周围遍布各式砖雕，是龙华寺的一大特色、亮点。

大雄宝殿 大雄宝殿是龙华寺建筑群的主殿，建筑面积 385.7 平方米，面阔五间，进深四间，木结构单檐歇山式顶。大殿屋脊显著，两山墙有封火，画有席纹，墙不开窗，檐口有斗拱式装饰。大雄宝殿内高 15 米，气势恢宏、精雕细刻、精美绝伦的佛龛木雕和彩绘唐装像为国内罕见的珍品。大殿内塑有三世佛坐莲台上，两侧有文殊、普贤、达摩、阿难、迦叶菩萨像，庄严肃穆。大殿内佛龛为木质雕刻装饰，里面画有历史传说故事，栩栩如生，寓意深刻。

龙华寺大殿佛龛为纯木质，通高 9.9 米，由龛与座组成，中间用榫相接固定。其座厚 1.96 米，如豆瓣状，龛宽 18.9 米、高 8.16 米，运用镂空透雕技法。佛龛上为屋顶，刻有斗拱；中为柱身，内供佛像；下为须弥基座。顶部为一龙头，身缠于花藤中，头上饰以一顶双层沿盏式帽，似佛帽又似官帽。龛两侧各有一龙一凤造型，上龙下凤，神态逼真。最下部为一只麒麟，仰首啸天，与顶中之龙首交相呼应。龛正中有锥形凹槽，下雕莲花宝座，金漆彩绘佛像置于其中。

大雄宝殿山墙壁画组图（2019年）

金漆彩绘佛像呈坐姿，形态慈祥端庄，与透雕佛龛合璧，可谓天造之作，为清代之物，雕刻技艺高，形态构思巧妙。每座佛龛顶上挡板都有壁画，正中为释迦牟尼佛龛，其佛龛顶挡板壁画39幅，左右分别为燃灯佛佛龛及弥勒佛佛龛，两佛龛顶挡板壁画共56幅，旁边壁画各12幅（共24幅），侧边壁画共6幅，全部壁画共计125幅，涉及历史、

大雄宝殿佛龛（2014年）

大雄宝殿木门上刻《大悲咒》(2019 年)

典故、传说、人物、神话、花鸟鱼兽等，是云南省内不可多得的文物精品。

大雄宝殿前有过道，过道边建有大理石护栏，护栏上的大象、狮子等动物小石雕形态各异，栩栩如生。大殿门上匾额题“东亚大雄”。大殿门上有对联两副，其一为:“天半舞寒云，佛住山林传此日；地高留古雪，僧开栋宇自唐年。”其二为:“法身本自清凉，观楼头山色，枕上溪声，不信红尘飞得到；妙理何须言说，对篱外黄花，帘前碧草，分明祖意默相关。”中间的六扇门上是马驷良书刻的《大悲咒》全文，堪称篆刻、书法双绝。木雕的门窗有阴阳刻、镂空雕、多重花雕等，据说当时的工价是“一两刨花一两银”，由此可见这些木雕艺术品的可贵之处。大雄宝殿台基砖雕、墙体壁画为明代风格，上部木构件为清代风格，其原因是大雄宝殿在清朝时曾遭受两次火灾后复建。大殿的柱础、台基未曾拆动。龙华寺建筑群积淀了悠久的历史文化内涵，是多元文化和汉、白、彝等多民族建筑技术、艺术的融合体。

圆通殿（2019年）

地藏殿（2019年）

圆通殿　圆通殿是龙华寺建筑群中唯一保存下来的明代建筑，其柱、梁、檩、枋等木构件用料粗大，最具明代风格特点。圆通殿面阔三间，进深四间，建筑面积417.8平方米，由正殿、偏殿、南北两厢、花园及照壁组成，照壁上有赵鹤清绘画的大理苍山十九峰墨画，该画被收录于《滇南名胜图》中。

地藏殿　地藏殿始建于清代，后于清康熙五十九年（1720）和清光绪二十年（1894）两度遭火焚，现在的建筑为清末民国初期重修。殿内供奉有地藏菩萨及其两协侍——道明和闵公。两侧有十殿阎王及地藏菩萨的塑像，故当地老百姓也称地藏殿为“阎王殿”。殿外院子里的砖雕和瓦当雕刻风格独特，照壁周围的壁画也极为珍贵。地藏殿与大雄宝殿的连接处一角是七重的屋檐，既体现了院院相通的古建筑格局的严谨，也体现了古人防火护寺的意愿。

后轩北院　位于龙华寺古建筑群北面，由正殿、南厢、北厢、东厢组成，正殿和北厢沿山箐而建，分楼上楼下两层，为清代建筑风格，建筑面积861平方米。后轩北院周围古树参天，环境幽静，是接待文人骚客、供外来僧人歇息的场所。明崇祯十一年（1638），明代地理学家徐霞客在后轩北院东厢房留宿，《徐霞客游记·滇游日记五》对当地的地理环境、风物景观作了描述。

三丰祠　位于龙华寺古建筑群南边山坳内，旧时为五福祠，清光绪初年由马驷良倡建，1926年由杨国文等续修，改为三丰祠。该祠由正殿、耳房、两厢及祠门组成，建筑面积518平方米。正殿面阔三间，进深三间，单檐布瓦硬山式顶，有前廊。南厢和北厢均面阔三间，进深两间，有前廊，单檐布瓦悬山式顶。相传张三丰曾到姚安三峰山传道，到过龙华山，人们为了纪念这一传奇人物，便将过去的五福祠改建成三丰祠。2000年、2003年，在姚安及周边地区发生过两次大地震，三丰祠内的南北厢房均有不同程度的倒塌。2004年，按照古建筑“修旧如旧”原则进行修复。

三丰祠内道教、佛教及当地土主崇拜三教融为一体，里面供奉的神像除了张三丰之外，其左侧还有药王菩萨、五通明王，其右侧还有观音菩萨、财神。三丰祠大殿左下方是漱芳泉，泉水酿出的酒闻名乡里。马驷良曾题联：“凤岫出甘泉，泉上为楼，于此间多少佳趣；龙华寻古寺，寺旁有庙，看庭前遥对妙峰。”三丰祠内南北厢房借漱芳泉之名开设了禅茶室，茶室内还有一段“茶士铭”：“人无高下，随缘而行；智无多寡，有悟则明。斯是茶士，品茗忘形。闲观常青树，静思无常因，适聚远酒肉，知交修兰馨。生身少利名，近梵音；禅得生活之真趣，何碍烦恼之揪心？随喜妙善心。茶士曰：平淡是真。”

三丰祠（2019年）

寺内古迹

菩提女塑像 为大理国相国高泰祥之女塑像，塑像上方横批“果证菩提”，两侧对联：“灭国痛流离，视元段兴亡，帝业侯封成泡影；出家全孝义，参法王得度，名山佛子铸金身。”菩提女塑像为葫芦形龛，是龙华寺佛堂的常见供龛样式，它以葫芦及其变体为载体。之所以选用葫芦形，是因为传统认为葫芦多籽，藤蔓绵延不绝，象征高氏家族子孙繁衍、生生不息。此外葫芦还因“福禄”的谐音成为“福禄万代”的吉祥物。

菩提女塑像（2019年）

菩提女塑像背后还有一个传说故事，据民国《姚安县志》人物志载：“泰祥有女，出生三日，僧赠菩提子九粒。大理亡国后，逃至姚安卧佛庵为尼，将菩提子潜种后院，默占兄弟存亡。十数年后，种树结实。高泰祥九子，一旦团聚，女即坐化。高琼为铸金身，供于寺，易名活佛。”相传高泰祥子女团聚、菩提女坐化的时间是农历二月初八，这也就是光禄每年二月初八举行龙华会的由来。清康熙末年，任炎了解到菩提女的故事并为菩提女的精神所感动，为

木雕（2019 年）

砖雕（2019 年）

石雕（2019 年）

“表泰祥之遗芳，明此女之孝义，并志高氏世臣乔木之盛云”，特撰《菩提女传奇》。民国年间又被由云龙、赵鹤清写成曲本，排成滇戏，在民间广为流传。

龙华寺“三绝” 木雕、砖雕、石雕被称为龙华寺古建筑群中的“三绝”。寺内每幢建筑的上部均为彩绘精美的木雕，中间多为形态各异的石雕，下面是历史悠久的镂空砖雕。大雄宝殿内佛龛镂空雕花板，雕刻工艺精湛，每一个雕花图案均为一个生动的传说故事，雕工精细，图案精美，镂空雕刻规模之大，实属稀有，堪称雕刻技艺与佛教文化艺术之瑰宝。大雄宝殿前围栏下的砖雕及墙脚处之装饰砖雕图案精美，设计造型具有地方文化特点，图案大多为荷花、牡丹和狮子、鹿、麒麟等，这些砖雕构件图案都是经过精心设计和焙烧而成，多数砖雕、石雕为明代遗留。龙华寺出土的南诏时期有字瓦及双凤瓦当、八角滴水，大理国时期的大宝六年砖等，工艺精湛，是龙华寺遗留下来的最古老文物。

送子娘娘殿、龙王殿 受多种文化的影响，龙华寺周围还有送子娘娘殿、龙王殿等神祠。送子娘娘殿、龙王殿位于龙华寺下方石阶北侧，共有瓦房四间，南三间为送子娘娘殿，供奉三尊严妆金身的送子娘娘。旧时，村民无子嗣者，都到此殿求子，生子满月后，又必到此祭祀酬谢，香火甚旺。所悬匾联甚多。北一间为龙王殿，祀龙王塑像，每年春，村民到此祭祀，祈求风调雨顺、五谷丰登。1971 年后，因地质队建设的需要，送子娘娘殿、龙王殿曾被拆除，后又复建。

斗母阁 由送子娘娘殿南侧攀登而上，来到斗母阁，阁前有黄连木古树一株，高 10 余米，合围 3 米余，树龄约 250 年。阁为三合院，大门悬一巨匾，文曰“呼吸通天”，字径 1 米余。入大门，院内奇花异草，极其幽静雅致。正殿三间，楼厅有元始天尊、灵宝道君、太上老君塑像。楼下有斗父、斗母塑像。北厢三间，有开天辟地的盘古、钻木

龙头井（2020 年）

龙泉（2020 年）

取火的燧人、教民结网的伏羲、制作耒耜的神农等传说中的上古人物塑像。另塑有金龙抱柱，金碧璀璨，栩栩如生。1971 年因地质队建设的需要，斗母阁已被拆除。

龙头井　后轩北院内有一个水池，水池中的水始终保持一个水位，既不会溢出，也不会下降。池中露出一个汉白玉的龙头，仰望天空。相传水池其实是一口深井，深井下面连着暗河，暗河又直通洱海，一条巨龙沿着暗河从洱海中游来，龙头露出来了，龙尾还在洱海。

漱芳泉　据记载，此泉位于光禄山三丰祠院内。邑人马驷良题名为“漱芳泉”。此泉味甘洌、清甜。此泉还可以明目清热，是进香游客必喝的“神水”。喝此泉水可除口臭，唇齿留香。凡是到光禄山龙华寺旅游的人都以能喝此泉水为快事。2009 年“7・09”地震后，泉水干涸，仅存出水口遗址。

明转神泉　位于龙华寺后山峪。相传为明转法师念经施法而涌出，当地人为纪念明转高僧而取名为“明转神泉”。明转为龙华寺高僧，湖广人，苦志勤修，戒行清严，曾经主持修建寺院，使龙华寺成为滇西著名佛院。当时寺中僧侣超过七百人，苦于汲水。明转法师手持佛书，虔诚祈祷三日，龙华寺后山峪忽涌二泉。此泉甘洌可口，用之烹饪，菜肴增味；用于泡茶，茶味更浓。此泉长流，不但足以供应寺内僧人所需，还解决了光禄镇民众的生活用水问题。

铁钟　龙华寺钟楼有铁钟两口，清乾隆六十年（1795），由江南徐盛宗铸。每口铁钟高三尺、直径二尺五寸，有花纹。古时候，每天早晨敲响铁钟，附近的村庄都能听到钟声。现在龙华寺已取消晨钟暮鼓的规矩，除举办重大佛教活动外，不再敲响铁钟。

伏虎碑 清康熙五十五年（1716），姚安府土同知高映厚撰文，立于龙华寺下土主庙。“时因猛虎伤人，映厚祷于神，虎旋就擒，因立碑焉。”因土主庙多次拆建，此碑已无存。

寺内古树

龙华寺内分布古树群，挂牌名木古树40余株、未挂牌300余株，树龄均在百年以上。古树品种主要是黄连木、滇朴、榆树、槐树、枫树、刺柏、金桂等。

金桂 清光绪二十一年（1895），龙华寺重建后栽植，位于龙华寺正殿前，树高6.4米，胸径19厘米，胸围60厘米，枝叶茂密，每年农历八月中秋节前夕开花，花色呈金黄色，香味浓郁，进入山门便能闻到金桂馨香。

干香柏 位于龙华寺正殿后面，原有8株，现存3株，最大一株树高21米，胸径98厘米，胸围309厘米。据全县名木古树调查，此树于清康熙五十九年（1720）后栽植。

刺柏 位于龙华寺内，树高5.15米，胸径18厘米，胸围57厘米。据全县名木古树调查，此树于清光绪二十一年（1895）栽植。

枫树 位于龙华寺前山坡之上，树

古柏树

古枫树

古黄连木

干粗壮，枝叶茂盛，有 10 余株。每到晚秋时节，树叶丹红如霞，十分壮美。

夫妻树　位于后轩北院内，树名“君迁子”，本地俗名“塔枝树”。该树由一株根系长出，出土 30 厘米分为两杈，其中一株相对高大、挺拔，但不开花结果，另一株相对矮小，却每年都能结果，两株树相依相靠，枝叶相连，形似夫妻，被人们称为“夫妻树”，常有游客前来观赏。

黄连木　生长在龙华寺外东南坡。根据全县名木古树调查，树高 14.5 米，胸径 125 厘米，胸围 391 厘米，树龄约 300 年。

菩提树　位于龙华寺前及南坡，共计 9 株，据传为大理国相国高泰祥之女菩提女所植。相关传说故事，参见本志“龙华古刹 · 寺内古迹 · 菩提女塑像”内容。

寺院保护

兴建及历史变迁　龙华寺始建于唐天祐年间（905—907）。寺内出土南诏时期有字瓦及双凤瓦当、八角滴水，大理国时期的大宝六年砖，证明这一时期龙华寺曾多次进行过扩建和修缮。元朝时期，姚安路军民总管府总管高长寿主持扩建龙华寺，并塑菩提女像。明朝初期，宗风大盛，常住僧众700余人。明末寂空大师主持扩建寺院，建斗母阁、土地庙于龙华寺周围，故有神祠与寺相杂。清康熙五十九年（1720），龙华寺遭火灾，圆通殿未被毁坏，留有明代的柱础、墙脚和砖雕，次年土官高厚德及主持寂广重修，康熙六十一年（1722）竣工，重修后的龙华寺“旧基址寸不更移，宏敞巍峨，较往更胜”。

2007 年立的全国重点文物保护单位碑

龙华寺大殿及外墙飞檐（2010 年）

清光绪二十年（1894），龙华寺又遭火灾，马驷良及住持觉安倡导重建。光绪二十五年（1899），龙华寺再次遭火灾，次年念真方丈率众集资复建，1921 年竣工。

管辖归属及文物保护单位 1944 年，龙华寺为国民党炮七团、美国教导团官兵驻姚安的营地，1945 年从老鸦桥修筑公路直达龙华寺。1950 年 1 月，龙华寺作为光禄高小校舍，由教育部门管理，古寺建筑及殿内塑像得到保护。1971 年，云南省地质矿产局 814 队驻龙华寺，1987 年 814 队撤出后，龙华寺移交姚安县管理。1981 年 9 月，龙华寺被楚雄彝族自治州人民政府公布为第一批州级重点文物保护单位。1993 年 11 月，龙华寺被公布为云南省第四批省级重点文物保护单位。2006 年 5 月，被国务院公布为第六批全国重点文物保护单位。姚安县文化和旅游局及其下属姚安县文物管理所为龙华寺文物管理责任单位，负责寺内文物及古建筑的保护和管理，以及安全、消防、综合治理工作。姚安县民族宗教事务局为龙华寺宗教活动场所管理责任单位。

保护区范围及建设控制地带 根据《中华人民共和国文物保护法》，2019 年 8 月 30 日，由云南省文化和旅游厅、云南省自然资源厅、云南省住房和城乡建设厅联合发文公布龙华寺保护范围及建设控制地带的划定保护范围：东以地质队房屋外延 5 米为界，南以三丰祠南墙外延 12 米为界，西以大雄宝殿后檐墙外延 8 米为界，北以小花园北墙外延 6.5 米为界。建设控制地带：东至土戏台，南至马家凹中沟延至高家坟，西至石坡，北以大龙树及低沟为界。

古寺修复及文物保护措施 2003 年 11 月，安排 15 万元地震恢复重建资金，对震损的三丰祠两厢及祠门进行修复。2004 年 3 月，省文物局拨款，抢救修复龙华寺山门、照壁。2009 年“7·09”地震后，国家文物局下拨 1300 余万元恢复重建资金，对龙华寺古建筑群进行整体性抢救恢复，安装消防和防雷设施。2013 年 12 月 21 日，龙华寺整体修缮工程通过国家文物局和省、州级文化部门组织的专家检查组的验收。被列为全国重点文物保护单位以来，姚安县文物管理部门建立健全安全保卫管理制度、值班交接制度、巡查登记制度、文物藏品管理制度、安全设施设备管理制度等文物保护制度。2017 年以后，龙华寺配备专职保安人员 2 名，设有消防安全控制系统 1 个、消防专用 300 立方米蓄水池 1 个、泵房 1 间，各通道口均按标准设有应急灯、安全出口指示标志。在龙华寺整座建筑群内外设有全覆盖高清安全视频监控，寺内放置手提式干粉灭火器和消火栓箱，做到消防灭火应急设备不留死角，随用随取。

稻田（2022年）

高氏家族

宋朝时光禄是大理国高氏的封地，元朝时期光禄为姚安路军民总管府治所在地，明清时期为高氏土官府衙所在地。高氏家族在大理国时期帮助段氏挫败杨氏篡权，权倾朝野，在宋太祖“不暇远略”的方针下，大理国仍然保持与中原王朝的关系，促进了民族和文化的交流。高氏家族在姚州的管辖和治理历经宋、元、明、清四个朝代，延续700余年的历史，创造了土司家族统治的政治传奇。高氏土官在光禄兴水利、办教育、重文化，留下了姚安府衙、至德寺、白塔等文物古迹，为“文献名邦”抒绘了浓墨重彩的历史画卷。

显赫家族

南中之大姓 东汉时期，高氏远祖从江西庐陵县井岗乡进入西南地区，到三国时期逐步发展成越嶲郡（郡治在今四川西昌）大姓。诸葛亮南征时期，高氏一世祖高定为越嶲郡叟帅。汉晋时，高氏家族流落到南中朱提郡（郡治在今云南昭通），并慢慢发展成为南中大姓家族。后因朱提地区长期战乱，南中百姓多迁往滇西，高氏部分家族也迁往洱海地区。南诏时期，高氏家族抓住机遇，在滇西站稳脚跟，并迅速崛起成为南诏贵族势力。

权倾大理国 后唐天成四年，即南诏尊圣二年（929），杨干贞建大义宁国。通海节度段思平因受大义宁国主杨干贞迫害，于后晋天福二年（937），联络其他白族大姓，联合滇东三十七部，推翻杨氏政权。善巨郡守高方带头响应段思平起义，董迦罗担任段思平军师。建立大理国后，封高方为岳侯，封董迦罗为宰相。高氏家族成为大理段氏的重要支持力量。大理段氏除承认其家族在洱海地区原有领地外，还赐巨桥（今云南省昆明市晋宁区）为高氏世袭领地。

段思平去世，其子段思英继位。段思平之弟段思良联合相国董迦罗发动政变，逼段思英退位出家，自立为帝，大理国出现两系相争的局面。段思良之子段思聪在位期间，高氏成为宰相家族。至段素兴继位，被时任相国的高氏废黜，拥立段思平的玄孙段思廉为帝，大理王位回到段思平一系子孙手中。段思廉继位，高氏因拥立之功，地位凌驾于诸姓之上。北宋嘉祐八年（1063），姚州杨允贤叛乱，段思廉无力平乱，岳侯高智升率兵剿灭，高氏势力越发壮大。高智升占据整个鄯阐（今昆明）府，段思廉晋封高智升为鄯阐侯，赐王室直辖领地白崖、茄甸两地。段思廉禅位为僧后，其子段廉义继位，高智升渐渐攫取大理国权柄。北宋元丰三年（1080），杨义贞弑段廉义而自立。高智升派儿子高升泰带兵讨逆，诛灭杨义贞，拥立段廉义的侄子段寿辉为帝。因靖难之功，高智升加封为太保，封德侯，自任布燮，封儿子高升泰为鄯阐侯。段寿辉在位一年后出家为僧，禅位给堂弟、段思廉之孙段正明。北宋绍圣元年（1094），高升泰废段正明，自立为王，建大中国。

北宋绍圣三年（1096），高升泰临终给儿子高泰明留下遗言：“我之立国，以段氏之弱。我死，必以国仍还段氏，慎勿背我。”高泰明于是拥立段正明之弟段正淳为大理皇帝，自封平国公，执大理国权柄，政令皆出其门，国人称其为“高国主”，形成段氏与高氏和谐共治的局面。北宋大观二年（1108），段正淳出家为僧，其子段正严继位。南宋绍兴元年（1131），段正严封高泰明第三子高明清为姚府演习，并世有其地，光禄自此成为高氏封地。高氏家族其他子孙分封到今昆明、腾冲、永昌、鹤庆等地，成为权倾大理国的大家族。

姚安高土官 大理国段正严封高泰明三子高明清为姚府演习，其后高氏世袭演习之职。南宋宝佑六年（1253年），忽必烈大军灭大理国，相国高泰祥逃亡姚安后被俘，拒不降元，被斩于五华楼，其子女失散流落到各地。为了稳定政局，元朝在云南实行安抚政策，任命高氏后裔高政均为姚州守，后由其子高均明袭其职。元天历元年（1328），为了稳定云南行省对滇西地区的控制，遏制大理路段氏势力的扩张，升姚州为姚安路军民总管府，高均明任总管，后由其子高明寿袭职。元至正年间（1341—1368），高义为姚州守。明朝军队进入云南之后，设置姚安军民府，高明寿之子高寿寺纳土归附。至清雍正三年（1725），姚安府同知高厚德谪戍江南，结束高氏家族对姚安府土官的世袭。清光绪十年（1884），高复兴袭姚州土官，成为最后一任姚州高氏土官，至此高氏土官对姚安进行了700余年统治，创造了举世闻名的政治传奇。

高量成画像

从南诏国到清朝时期，高氏家族在云南的地位显赫，绵延不断。高氏土官世袭姚安府、姚州土官的700余年间，在光禄这片土地上既有讨伐、征战的刀光剑影，又有重教、兴文的安定祥和。

元代水利工程大石溯西闸（2019年）

高氏家族面对特殊的地位和权势，在漫长的发展进程中坚持不懈地学习和实践着中原文化，不仅使整个家族从中受益，还不同程度地影响了云南社会的发展，创造出了光禄古镇“一座姚州城，半部云南史”的历史传奇。自姚府演习高明清以来，高氏历代世袭土官都把忠君、爱国、爱民作为己任。南宋淳祐四年（1244），元兵攻大理时率兵抵抗，姚府三郡演习高隆政战死于九禾。元朝首任姚安路军民总管府总管高均明“会云南兵祸起，还镇，贼退兵解。明招流离，抚携贰，辟污莱，还侵轶，缮官舍，葺邮传，定民赋，峙军储，无不精究。兴学校，进聘荆、益、关、陕之士，以为民师，远购洙泗濂洛之书，以兴民学。父老咸庆，并祀名宦”。元至正二十三年（1363），红巾军将领明玉珍派部下万胜率军攻打云南，梁王把匝剌瓦尔密逃至楚雄，姚州知守高义与大理路军民总管府总管段功在吕阁关、平滩合力攻击，击败万胜义军，迫使其退回蜀中地区。高义还用砖石加固姚州城，修建通往镇南（今南华）的桥梁，兴建大石溯、蜻蛉河沟渠等水利工程，政绩得到后世的好评。高义之子高惠，明初倾心归附，袭姚州同知，与姚安府同知高寿保一起攻打自久起义军。明成化年间（1465—1487），高贤袭父职任姚安军民府土同知，在姚安修城池、建文庙，又建84所学社，置田课士，百事俱举。明正德年间（1506—1521），姚安府土同知高凤“有才识，多方略”“历视府篆，卓有政绩，建尊经阁，兴办育才，士民感动之”。明万历年间，高金宸袭姚安府土同知，征战缅甸有功，晋秩赐四品服。明朝末年，姚安府土同知高耀从沐黔国公讨元谋吾必奎之乱，平定沙定洲事变。南明永历帝入滇，高耀升光禄少卿，再转太仆正卿。永历皇帝逃往缅甸，高耀带夫人木氏跟随到腾冲时，被亲属子弟劝回。清军进入云南后，高耀拒不为官，将姚安府世袭土同知之职交给其子高奣映，入大觉寺为僧。后归姚安，开建昙华寺。清初，世袭土官高奣映辞官后归隐结璘山，创办结璘山馆，弟子众多，著书八十余种，兼综儒释。高奣映是云南历史上杰出的思想家、教育家，也是姚安著名的历史文化人物。

宋元时期姚安高氏世袭官员一览表

表 4

朝代	官职	官员	世袭时间
南宋	姚府演习	高明清，大理相国高泰明之子	南宋绍兴元年（1131），封姚府演习
	姚府演习	高逾城生，高明清长子	南宋绍兴年间袭
	姚府演习	高逾城光，高逾城生次子	南宋绍兴年间袭
	姚府等三郡演习	高隆政，大理相国高护隆之子	南宋淳熙八年（1181）
蒙元	姚州守	高政均，高隆政之子	元至元十二年（1275），改姚州
	姚安路总管	高均明，高政均之子	元天历元年（1328），升姚安路军民总管府
	姚安路总管	高明寿，高均明长子	元至元中期袭
	姚州守	高义，高均锦次子	元至正年间袭

明清时期高氏世袭姚安府土同知一览表

表 5

朝代	官员	世袭时间
明朝	高实，其事不详	明洪武九年（1376）袭，因当时姚安仍被残元梁王统治，故又记为元宣光六年
	高寿寺，元总管高明寿长子	明初纳土归附
	高寿保，高明寿第三子	明洪武十七年（1384），沐英奏请袭职
	高贤，高寿保之子	明宣德年间袭
	高贵，高贤长子	明正统年间袭
	高翔，高贤之子	明成化年间袭
	高凤，高翔之子	明正德年间袭
	高齐斗，高凤之子	明嘉靖年间袭
	高钦，高齐斗之子	明万历年间袭
	高金宸，高钦之子	明万历年间袭
	高光裕，高金宸之子	时间不详
	高守藩，高光裕之子	明天启年间袭
	高耀，高守藩之子，明朝灭亡，义不附清，弃职为僧	时间不详
清朝	高奣映，高耀之子	清康熙十二年（1673）袭职
	高映厚，高奣映之子	清康熙年间袭
	高厚德，高映厚之子	清雍正年间袭

明清时期高氏世袭姚州土同知一览表

表 6

朝代	官员	世袭时间
明朝	高惠，元姚州守高义之子	明初附
	高梓潼赐，高惠之孙	明景泰年间袭
	高澄，高梓潼赐之子	明成化年间袭
	高椿，高澄之子	明正德年间袭
	高郯，高椿之子	明嘉靖年间袭
	高弼，高郯之子	明嘉靖年间袭
	高继先，高弼之子	明万历年间袭
	高应麒，高继先之子	明万历年间袭
	高昺，高应麒之子	明崇祯年间袭
	高晶，高昺弟	明崇祯年间袭
清朝	高显锡，高晶之子	清初授世职
	高辅，高显锡之侄	清康熙九年（1670）袭
	高启宗，高辅之子	清康熙年间袭
	高宗显，高启宗之子	清雍正年间袭
	高宗亮，高宗显弟	清雍正年间袭
	高宗禹，高宗亮弟	清乾隆年间袭
	高禹配，高宗禹之子	清乾隆年间袭
	高配忝，高禹配之子	清乾隆五十年（1785），改为六品土官
	高维藩，高配忝之子	清乾隆五十七年（1792）袭
	高嘉澍，高维藩之子	清道光十九年（1839）袭
	高殿元，高嘉澍之子	清咸丰年间袭
	高复兴，高殿元堂弟	清光绪十年（1884）袭

世系源流

姚郡世守高氏源流总派图 因光禄高氏家族在云南历史上具有重要地位，高氏谱牒是研究云南历史极为珍贵的史料。高氏后裔曾多次编修族谱，几经订正，高氏世系源流趋于清晰。经由云龙考证，1933年云南省教育会排印，1942年辑《滇录》收入的《姚郡世守高氏源流总派图》，对研究宋、元、明、清四个朝代姚安高氏家族和光禄历史文化具有一定参考价值。《姚郡世守高氏源流总派图》原文如下：

一世始祖高公定，原籍江西吉安府庐陵县井岗乡人也。有渤海家声，庐陵世泽之说。后移居南滇，时有孟获踞滇，蜀丞相诸葛亮渡泸讨之。公素为夷长所畏服，有谋逆于公者，公拒之不从。后计诛雍闿、朱褒以为俘，献亮。亮加公忠顺，疏请封以益州守，是为高氏始祖，盖功德所由始焉。始祖定公复命蜀都，殉昭烈帝之难。其后流于吴、越之间，隐名七世莫可考。嗣复居滇者，云称九世。九世公子进，仕唐，封蒙大将军，再衍世泽，业断而复续，继述之功居多焉。

廿九世公岳侯智升、初仕段氏大布燮，仁宗嘉祐八年，命平姚州杨允贤之乱，大宋封善阐演习，赐爵匡国总事、岳侯，旌表“好善乐施”，开昆明之灵迹，建滇省东西两寺双塔寺，事载《白古通》及南诏野史。生子升泰，继生升祥。至宋熙宁八年，段思平八世孙连义立，九年，其臣杨义贞弑之，岳侯智升遣子升泰仗大义起东方兵讨灭之。仍立连侄子寿辉嗣位，由是以公忠而为国人倾心。后子升泰推段氏为帝，追封侯为文戎天佑安邦皇帝。三十世公升泰，初仕段氏为鄯阐侯，宋元丰四年，段氏寿辉因灾异迭见，避位为僧，国中无主，国人归心高氏，于哲宗绍圣元年，拥公为君，号大中国，改元上治。事详滇云羁縻通志及南诏野史，在位二年，病殆，嘱其子泰明曰：“段氏不振，国人推我，不得已从之，后可还其故物。”言毕崩，谥富有圣德表正皇帝。生三子：长泰明、次泰运、次泰慧。升祥因兄嗣位乃袭父鄯阐侯职，生一子祥明。

三十一世公泰明，遵父遗命，还段氏国，求段氏余子正淳立之，号曰“后理国”，改元天授。国人仰其德功，尤称泰明为国主。公尽心辅国，推贤用能，德高望重，时昆仑、波斯诸国入贡大理者，争先谒之，于哲宗元符相焉。公生四子：长明顺、次明寿、次明清、次明性。泰运仕段氏封栅主，朝宋求经籍，得六十九家，药书六十二种，全滇赖之，事载《滇录》《羁縻通志》，归封腾越，号黑演习。泰慧生四子：长慧珠、次慧寿、次慧球、次慧成。三十二世公明顺，仕段氏，封兴国公，生二子：长顺贞、次顺隆。明量仕段氏，封政国公，镇威楚，一子量成，二十一岁，智慧性生，辞父母为僧，是为渊公禅师，迄今水目庵有塔皆记大理国年号焉。明清封定远将军，治姚州镇小姚堡，创建寺塔，标功著绩，命世袭之。祥明袭鄯阐侯职，生四子：长明生、次明智、次明兴、次明义。明生袭鄯阐侯，水目山渊公禅师碑，塔皆其筹建也。失传。明智传六世，孙情受任晋宁州知州，迎八世孙阿义袭之。明兴传六世孙任嵩明州，历八世，孙情义袭之。三十三世公顺贞，仕段氏，封兴国公，一子贞受。三十四世公贞受，仕段氏，封平国公，一子受护。慧珠职演习，历八世，孙义定袭鹤庆州。慧球袭职大布燮，历八世，孙祥益袭永北腾州同知职。慧受袭演习。慧成缺，后补。明信一子笃义。明意缺，后补。三十五世公受护，授三珠虎符，姚安路总管府封资善大夫、云南行省左丞。一子护隆三十六世，袭大布燮职，一子隆政。三十七世隆政仕宋，封姚府、越巂、会川三郡演习。一子政均。三十八世政均仕元，封武毅将军，生二子，长均明、次均常。三十九世公均明，元授中顺大夫，正治卿、姚安路总管，军民金带总受掌。生二子，长明寿、次明义。均常袭姚州守，事失传。四十世公明寿，元授三珠虎符，姚安路总管掌，封资善大夫，云南行省左丞，生四子：长寿寺、次寿升、次寿保、次寿胜。

明义袭姚州守，事失传。寿寺、寿升俱失传。四十一世公寿保，俱大明鼎兴，天兵南下，首先归顺，接济粮储，钦授奉政大夫，修政庶尹、姚安军民府世袭同知，加四品服色。生二子，长贤、次节。寿胜借袭其职，后侄贤长、退之，一子仕义随师往会川，公受本府磨照，后升西府，调彼家焉，失传。四十二世公贤，初承父职，以功绩茂著，皇明仁宗钦授本府知府，封中宪大夫，生二子：长贵、次庆。四十三世公贵，改袭同知职，以勤劳绩著，于成化十三年，奉圣恩，特赐诰命一道，加授奉议大夫，一子翔。四十四世公翔，世袭同知职，封奉政大夫，以功蒙两院会捉，奉钦奖赐彩缎、表裹、宝钞有差，一子凤。四十五世公凤，袭父同知职，征讨各寨有功，八调八捷，掌本府正堂印务，两修文庙，培植士风，建置仓储，便民利国，屡奉特授奖谕，晋封奉政大夫，封妻木氏宜人，赐命工道，事详本公传。一子齐斗。四十六世公齐斗，袭父同知职，受事后，征安铨黄草坝有功，奉授钦赏银牌一百二十面，表裹、彩缎、牛酒。修诸葛武侯祠，建玉皇阁，至今已成。事详记功碑。一子钦。四十七世公钦，父衍谥封，袭父职，素以永烈称，奉调疾趋，战阵屡捷，一子金宸。四十八世公金宸，号天衢，袭父职，公勇健绝伦，且复谦恭下士，调征各处有功，奉授钦奖六次，堂司会奖六十余次，事详记功碑。生四子：长光裕、次光谦、次光前、次光祚。四十九世公光裕，号天储，袭父职，居官恬静、政不扰民，征调出师，与士卒同甘共苦。一子守藩。五十世公守藩，字向葵、号玉岑，三岁而孤，母氏代理府事，人称女中尧舜，值光谦谋职，变起家庭，光祚扶公移进丽江府，越天启二年归，始袭父职。公英敏、躭情诗酒，著有龙溪小窗集及别韵甚多，夫人木氏生一子耀。五十一世公耀，字无作，号青岳，袭父职，一子奣映。五十二世公奣映，号雪君，袭父职候补，侍夫人左右，夫人金氏，生六子：长映厚、次达道、次和栋、次义驭、次义鸾。五十三世公映厚，袭父职，生四子：长厚德、次孚鹤、次孚中、次孚邦。五十四世公厚德，袭父职，生一子德怀，雍正七年四月廿日，厚德迁徙江南，德怀系厚德嫡亲长子，已经报详荫袭在案，因父行程仓促，未及袭职，事父迁于江南，今三姚宗派世系一源耳。

历传世系表 明崇祯年间（1628—1644），高耀编修《高氏家谱》，后经高奣映及子孙续述，绘制坟山和家庙图，家谱分“谱例”“源流总派图”“历传世系”“历朝文翰”“家训”各篇，记载到五十五世高德怀。其中，“历传世系”全文如下：

一世祖：高定。二世至八世祖：不可考。九世祖：高子进。十世祖：高望凑。十一世祖：高凑晟。十二世祖：高晟君。十三世祖：高君补。十四世祖：高补猷。十五世祖：高猷武。十六世祖：高武茫。十七世祖：高茫善。十八世祖：高善诺。十九世祖：高诺义。二十世祖：高义和。二十一世祖：高和亮。二十二世祖：高亮从。二十三世祖：高从君。二十四世祖：高君辅。二十五世祖：高辅仁。二十六世祖：高仁温。二十七世祖：高温情。二十八世祖：高情智。二十九世祖：高智升。三十世祖：高升泰。三十一世祖：高泰明。三十二世祖：高明清。三十三世祖：高顺贞。三十四世祖：高贞受。三十五世祖：高受护。三十六世祖：高护隆。三十七世祖：高隆政。三十八世祖：高政均。三十九世祖：高均明。四十世祖：高明寿。四十一世祖：高寿保。四十二世祖：高贤。四十三世祖：高贵。四十四世祖：高翔。四十五世祖：高凤。四十六世祖：高齐斗。四十七世祖：高钦。四十八世祖：高金宸。四十九世祖：高光裕。五十世祖：高守藩。五十一世祖：高耀。五十二世祖：高畚映。五十三世祖：高映厚。五十四世祖：高厚德。五十五世祖：高德怀。

高氏宗祠

九街高氏宗祠 位于光禄镇旧城九街村。建于元朝初期，宗祠依山势而建，坐西朝东。由正堂、南北厢房、山门组成，占地面积341.96平方米，是光禄镇最古老的宗祠。中华人民共和国成立后，高氏宗祠成为旧城小学校址。学校搬迁后，为光禄镇敬老院。2003年修建新敬老院，原址作为九街村老年活动中心，同时兼作村民祭祀场所。宗祠正堂面阔三间，进深三间，梁架为抬梁式单檐歇山顶。两厢均为面阔三间，进深三间，梁架和门面经多次修缮，其风格稍有改变。山门高大精美，墙体为金包银，门额镶嵌雕刻有莲花图案的花砖。勾头滴水、飞檐砖等建筑构

九街高氏宗祠（2010年）

件十分精致，具有白族文化特点。单檐歇山式的屋顶及两山封火墙等建筑，体现了元代建筑风格。2010 年，九街高氏宗祠被姚安县人民政府公布为县级文物保护单位。

高雪君祠 高雪君祠原为高复亨住宅，位于姚安路军民总管府北侧，是一座中西合璧的建筑。清康熙二十八年（1689），高映厚新建土木结构的祠堂，专门祭祀高奣映。改土归流后，姚安府土同知的府邸及高雪君祠等建筑也因年久失修而倒塌。民国时期，在江西泰和县担任县长的高氏后裔高复亨卸任回到姚安，在高雪君祠原址采用中西合璧的方式新建一幢三层土木结构的楼房，并在楼房前面的墙上镌刻上“高雪君先生祠”。中华人民共和国成立以后，该楼房作为光禄党政机关办公地点，直至 1997 年光禄镇政府搬迁到新建的龙华路。2005 年，被列为楚雄彝族自治州重点文物保护单位，定名为“高雪君祠”。

高雪君祠坐西向东，整体建筑共有五个开间，进深三间，进深中间一间用作过道，过道两边的房间为住房和客房。墙体为金包银结构，一、二两层的地板均用楼楞上铺木板制成，楼梯及栏杆都是木材所建。第二层前后面墙均有封火墙，正面还有围栏。窗户是半圆形的玻璃窗。第三层平顶用混凝土浇筑，加中式瓦顶。高雪君祠中西合璧的楼房外，还有前后照壁、泮池、两厢等附属设施。楼房前面为前照壁，长 20.8 米、高 8.2 米。照壁前后封火墙下有 10 多个不同形状的菱角图形，照壁的封火墙部分使用飞砖、瓦砖等，壁顶为青瓦铺盖，中有瓦脊，东西两边分水。前照壁与楼房之间，有一个长方形的泮池，内植睡莲。房屋后面有南北两厢，现为历史文化和民俗文化展示厅。另外，楼房后面还有一座照壁，称为后照壁。

高氏家训

高氏家族是一个极重名教、传统文化气息浓厚的家族，历朝历代高氏族人都极其重视家族教育。高家正统的家族文化和良好的家风教育，使得高氏在历经宋、元、明、清几个朝代都得到朝廷的承认并继续世袭土官，使得光禄高氏得以发展壮大。

家训十九条 高耀在《高氏家谱》中制定十九条家训，全文如下：

一思君恩；一念祖德；一孝父母；一奉三宝；一重坟茔；一钦家庙；一修家庙；一重祀事；一报应袭；一慎婚姻；一教子孙；一严壶范；一待宗族；一乡仆役；一恤夷民；一培德行；一读史书；一禁骄奢；一戒宰杀。

高奣映《训子语》 高氏五十二世祖高奣映在晚年整理祖训，撰写《训子语》，全文如下：

圣人因严以教敬，因亲以教爱。高氏本贤人之裔，开忠孝之基，职虽仅于郡丞，而业则传于秦汉。视夫勋名烜赫于一时者，其庙祀虽久，至十数传而湮。况祚土之遐，荫子孙之荣于位者，有如此乎？而高氏之德业犹新，基土如旧。溯厥所从，故自历世积德，然率循有教，乃能如是。苟非然矣，盖始胎而教成，母之不茹腥膻，不厚滋味，身端心诚，言笑不苟。其为内，则内仪相亲相成者有素，举家又必戒杀以养慈，戒性情以养和。始胎之日，男子不御内，而焚修之事、祭祀之仪不缺。迨其生，立保傅母以鞠育之，择善室以处之。及四五岁，恶食不进于口，恶言不入于耳。戏则诱以善事，所谓习与性成之教也。入塾一二岁后，常课经书外，必讲明忠孝之大节，人情物理之曲折。渐至于成人，日必说鉴，以晓古今兴亡之有故。学文，则命之汎览左史、范晔《后汉书》、陈寿《三国志》、欧阳修《五代史》诸书，而以《老子》《庄子》《楞严》《园觉》《维摩》等，傍以通达其性情。政事则如《图书编》《经济小编》，明朝《宝训示法录》《鸿猷录》《文中子》《管子》《韩非子》，以及《经济全书》等类，亦莫不令之游衍。

吾谓汝言，如《西厢》《牡丹亭》，金圣叹批评之《水浒》，尤展成之《西堂杂组》，阅之，若食时新美蔬，使人入口而神自豁爽，最活笔机。然血气未定，恐性则流于媚丽，而笔则落于六朝矣。固一时妙谈，非所以教后也。倘道立德冲之日，前项词文，亦可涉猎更始。韩昌黎之气实声宏，柳柳州神清骨韵，欧苏之平远逸妙，今之为古文家，多崇尚之。若论气格，当以秦汉为上。句法，则《考工记》《水经注》之精藻，不可及矣。其诗，杜之圣，李之仙，人固常论之，我亦不能易也。惟于李颀之律体，我独为艳美。兹以汝问为诗文，故概为言之。然不贯该乎《六经》，是学问之无本，成渠于无源。纵令饾饤，胡能远施哉？识到则胆到，气到则笔到，观直养之无害，诚在集义之何如耳？吾固常论时文，如史立庵之极熟，转不如韩元少之峭生。盖峭生尚可俄延以久，极熟久，则惹人厌弃之矣。其惟熊次侯之以气实乎？徐方虎之平以行远乎？则愈久愈不磨矣！推此可以知为文之用心。

他如宴息，则使之茂对万物，游心乎神明之表。又取古名人之手迹，或书或画，或商鼎周彝之器，令之触目赏心，开发其灵妙之心，不徒弄清事，使之博雅，以去其庸俗之情而已也。禔躬，则又当行功过格言，日加三省；积善，则使攀援其心于慈仁之域。事虽细也，必务为之。年增其磨渐，庶几惯习以与性相成。凡应事处理，则竹轩公有云，凡做事，毋执见。执见，便差，执到底，差便到底。凡为圣为贤，不过于错处修改得快，此语岂图做事好，诚为立身之要言。且祖训十则中，如不生子，戒不饮酒。当父兄，则子弟不敢应。留客、御内，必以期，畋猎必有故。爱民如子，敬事若敬身，保基土如执玉，如履薄临深。若为子孙者，刻刻如此，实是慎终如始，谨机于初动，则欲萌又何自而生？如此则宁有骄心，宁有堕气之入其胸哉？即此，可以致忠于君，致孝于亲，安有弃礼犯伦之事？故曰，严以教敬，家教贵于严也；亲以教爱，家教贵于近情也。近情，则天性之慈乃周；不听细言，则致祥之道愈克，昭其康淑，则家道益和矣。朔望春秋之拜祀，虔且洁，是明德之存馨也。朝夕清温之定省，恭而敬，是至性之孝纯也。守此，则为人之道，思过半矣。

震儿出甲子岁，是岁以举孙。故述祖训，兼以己意诫之。然谈文处过多，不免贻笑后贤矣。

高氏代表人物

高升泰（生卒年不详） 高智升长子，原为鄯阐（今昆明）侯，北宋元丰三年（1080），遵照父亲高智升的密令，从鄯阐起兵平定杨义贞叛乱，恢复大理国，扶段寿辉为皇帝，自己留在国中担任宰相。段寿辉传位于段正明，由于高氏在大理国的权势日盛，段正明又不能振作，人心渐归高氏。北宋绍圣元年（1094），段正明禅位为僧。国人拥戴高升泰为皇帝。高升泰改国号为“大中国”，又改元上治，尊高智升为“文戎天佑安邦皇帝”。在位两年，中风卧床，临终前，召儿子高泰明，立下遗命归还段氏皇位。后谥为“富有圣德表正皇帝”。

高泰明（生卒年不详） 高升泰长子，遵照父亲遗命，还位于段氏，立段正淳为皇帝，改国号为后理国，自己任宰相，封为“中国公”，国人称“高国主”。高泰明去世后，被封为“国师”。高泰明有四个儿子：长子高明顺，在国中接任相位；二子高明量，封镇国公镇守威楚；三子高明清，凭军功授姚府演习、定远将军，“世守其地”。

高明清（生卒年不详） 大理相国高泰明三子。北宋政和元年（1111），位于滇东及滇东北地区的三十七部反抗大理国，高明清随父亲高泰明前往镇压。平息叛乱以后，高泰明命高明清居鄯阐（今昆明）镇守。北宋宣和元年（1119），三十七部再次起兵反叛，一度攻陷鄯阐。高明清奋力抵抗，最终取得胜利。大理皇帝段正严封高明清为姚府演习，号定远将军，世守其地。南宋绍兴二年（1132），腾越、永昌地区发生叛乱，高明清奉命前往讨伐，一举平息叛乱。高明清之后，姚府演习由长子高逾城生承袭。高逾城生之后，由高逾城生之子高逾城光承袭。此后，高氏世守姚安。

高均明（生卒年不详） 又名高明，高泰祥后裔，元朝姚州守。元天历元年（1328），高均明入朝述职，文宗皇帝嘉奖其世济忠孝，自远述职，特赐衣尚方，赐鞍辔尚乘褚币、彩缎，命升姚州为姚安路，高均明为姚安路军民总管，授中奉大夫，越嶲、会川、弄栋三郡演习。其弟高均常为姚州守。时值姚州地区发生战乱，高均明返回姚安，配合朝廷平息战乱，招抚战乱中流离失所的人员，稳定人心；治理环境，兴建官舍、邮传、寺庙，厘定民赋，储备军需；从成都、陕西一带聘请师资兴办学校，又到内地购买儒家典籍和宋儒理学书籍“以振民学”。对姚安社会发展做出贡献。

高奣映（1647—1707） 字元廓，一字雪君，小字遐龄，号结璘山叟，别号问米居士。清初姚安府土同知，高耀之子，著名学者、教育家。清顺治十五年（1658），清军进攻云南，次年明永历帝离开昆明西奔缅甸。高耀因担任太仆寺正卿，也带着夫人木氏和儿子高奣映随从撤退。到腾越（腾冲）后，清军对留在姚安的亲属子弟采取政治攻势，以“世职”为诱，劝其到腾越后“追留之”。但是高耀义不仕清，入寺为僧，由高奣映袭任姚安府土同知之职。高奣映天资过人，幼即嗜读，过目成诵，在其父的严格教导下，博览经史、学贯古今。清康熙十三年（1674），吴三桂起兵反清，命高奣映出任四川按察使。不久，高奣映“托疾挂冠”回到姚安。清康熙二十三年（1684），高奣映

高奣映铜像（2007 年）

将土同知之职交由其长子高映厚承袭，归隐结璘山，潜心教学与著述。

高奣映在姚安创办结璘山馆，川滇两地学子，不远千里，慕名而至，投入他的门下求学。高奣映一生著述 81 种，在学术和文学上取得巨大成就。高奣映著作涉及内容广泛，从佛释哲学，到老庄思想、孔孟儒学及历史、地理、文学、医学、卫生、教育、慈善救济、民族文化教育，乃至音韵、天文、历算、巫卜，各个领域有多方面成就。哲学著作有《太极明辩》《增订来氏易注》《理学西铭补述》《理学粹》等书，其中《太极明辩》是他哲学思想的代表作，比较集中地反映了他的哲学思想和哲学思维，在当时学术界尤有影响。佛释内典著作有《金刚慧解》《心印经解》《心经发微》等书，其中《金刚慧解》是其佛学研究的代表作。文学著作有《结璘山草》《妙香国草》《西厢读书解》等二十多种。其他著作还有《维风权宜》《鸡足山志》《滇鉴》等数十种，其中《滇鉴》记载滇中重要史实，以总结历史经验教训，是一部“鉴往知未来的杂史”。据《高雪君先生家传》记述，“先生慈祥在抱，喜施济，凡施药、施棺、养老、放生、掩骼及一切济贫拨困之事，皆捐资为之，无所吝”。高奣映的义行和善举，得到地方百姓的崇敬。

清康熙四十六年（1707），高奣映病故于结璘山。

特色旅游

光禄古镇，是昆明到大理、丽江、腾冲、香格里拉等滇西旅游线上的重要旅游目的地，同时也是出川入滇的重要交通节点。到光禄的游客可以在姚安路军民总管府、古镇回型街、龙华寺感受悠久深厚的历史文化，在荷塘月色庄园、玫瑰谷、百果园等农业庄园体验集休闲、观光、采摘、餐饮、住宿于一体的服务，在秀美宜人的田园风光中欣赏油菜花、樱花、玫瑰花、荷花等“四季花海”，在旅行过程中购买品尝鲜花饼、生态蜂蜜、姚安套肠等特色旅游产品。

规划建设及保护

古镇旅游规划 光禄古镇是云南省内开发最早的古镇之一，也是滇中地区现存最为完整的古镇之一。2003 年，启动光禄古镇旅游开发工作，开展旅游项目招商引资。2006 年，聘请设计院策划光禄古镇旅游开发项目，编制《姚安县光禄古镇旅游区总体规划》《姚安县光禄古镇旅游区控制性详细规划》，完成旅游区主要景点单位施工图设计。2013 年以后，姚安县委、县政府提出打造“休闲观光农业之乡”的发展定位，统筹推进光禄古镇与姚安县城“两城”协同发展，加快光禄古镇交通道路、景区景点、集镇民居和民生保障等基础设施建设，着力打造中国历史文化名镇。通过走“农旅结合”的路子，发展荷塘月色、百果园、玫瑰谷等现代农业庄园，增添光禄古镇新景观，拓展古镇特色旅游品牌。2020 年编制的姚安县“十四五”旅游发展规划，提出“打造全省文化旅游康养目的地”的定位，建设以光禄古镇为核心的“旅游小镇 + 高原特色农业 + 湖泊休闲 + 星空特种 + 宗教文化 + 民族文化”全域旅游产业链条，扩展姚安文化旅游发展空间。

古镇开发建设 光禄古镇规划建设坚持保护与开发并重的原则，实行保护性开发建设，先后启动龙华寺和古镇、古建筑的保护性工程，全面保存珍贵文物和古建筑、古街巷，增强古镇旅游的历史厚重感。建立光禄古镇开发管理机构，健全完善运作和监督机制，采取市场运作、多元投入的经营方式，对古镇进行深度开发。为筹备 2010 年在光禄镇举办的“云南省花灯周”，实施光禄古镇街巷提升改造，完成光禄古镇回型街特色民居立面改造，南关石牌坊建设，民族风情街街道青石板路面铺筑，古镇供排水，绿化、亮化和水体景观建设工程，老黑桥至龙华寺的旅游公路改造、“光（禄）七（街）”公路古镇区域内的改道分流，张家大院修复，古镇公共基础设施建设、饮光石箐道路建设，市政基础设施建设等项目；实施古镇核心区姚安路军民总管府修缮工程，完成姚安路军民总管府仪门、正堂、二重堂修复，两厢房、三重堂建设，以及姚安路军民总管府片区石板地面铺设、给排水、电力、通信、消防、绿化、水景和内部装饰、牌匾等建设工程，完成姚安路军民总管府前综合广场地面、游客接待中心、入口牌坊、循环水体等设施建设。2013年新建高府林苑酒店，改善光禄古镇旅游住宿接待条件。光禄古镇第二期开发建设，实施古镇荷塘周边朝阳、西关、赵家、张家、塔脚等特色村庄建设项目；实施环西线光左公路荷塘段的油路建设，以及高府林苑酒店配套道路、北关道路改造、白塔路双向车道提升改造工程项目；实施白塔路、荷塘、饮光石箐、樱花大道、龙华寺片区绿化和漂流景观沟，抽水泵站及蓄水坝塘等工程；实施光禄文昌宫古建筑群修缮工程；修建青石板观光栈道、木质观光栈道、休闲散步栈道等工程；通过招商引资，建设荷塘月色、百果园等一批现代农业庄园。

旅游景区创建 2004年2月，正式启动光禄古镇及龙华寺景区旅游开发工作。2005年，光禄古镇被列为云南省重点开发建设的特色旅游小镇。2012年11月，被评定为国家AAA级旅游景区。2014年7月1日，姚安县人民政府召开光禄古镇创建国家AAAA级旅游景区工作推进会，明确工作重点及工作要求，分解落实创建工作任务。创建过程中，按照《旅游景区质量等级的划分与评定》国家标准，围绕“文旅结合”“农旅结合”的路径，把人文景观与自然景观有机融合，大力提升光禄古镇回型街、姚安路军民总管府、龙华寺等旅游景点的品质，开发集休闲、观光、娱乐、餐饮、度假、民俗、展示及特产展销于一体的现代农业庄园，使古镇既留住历史文化印记，又焕发新的朝气。2015年7月24日，楚雄州旅发委对光禄古镇创建国家AAAA级旅游景区工作组织初评，认定光禄古镇基本达到了国家AAAA级旅游景区的标准。2016年10月19日，光禄古镇国家AAAA级旅游景区创建通过省级评定。2017年4月19日，光禄古镇被批准为国家AAAA级旅游景区。2020年，光禄镇被云南省文化和旅游厅认定为云南省旅游名镇。

特色小镇创建 2004年10月18日，光禄镇被云南省人民政府列为历史文化名镇。2015年8月27日，光禄古镇被云南省人民政府批准列入省级历史文化名镇建设名录。2017年4月，姚安县先后启动了创建和申报国家级历史文化名镇的各项工作。2017年8月22日，光禄镇被住房和城乡建设部公布为第二批全国特色小镇之一。2019年1月21日，住房和城乡建设部和国家文物局公布光禄镇为第七批中国历史文化名镇之一。

旅游品牌宣传 2010年在光禄古镇举办云南省第一届花灯艺术周，2011年举办云南省花灯灯谜大赛楚雄赛区比赛活动，促进光禄古镇旅游宣传。从2013年开始，每年举办荷花节，开展旅游宣传推介。2014年，在昆明召开荷花节新闻发布会，在昆明电视

古镇研学活动（2018 年）

台、攀枝花电视台、楚雄电视台播出旅游宣传专栏，在昆明长水机场、昆楚大高速公路安装宣传广告牌。2014 年，参加上海旅交会，开展光禄古镇旅游宣传。2015 年 6 月 2 日，在昆明举行姚安县光禄古镇旅游产品推介会，向到场的 25 家昆明旅行社、自驾车联盟及俱乐部介绍姚安县光禄古镇丰富的旅游资源和新兴旅游产品，出台一系列旅游优惠政策及旅游奖励，很多旅行社和自驾车联盟与姚安县签订市场促销合作协议。2015 年 6 月 4 日，姚安县光禄古镇旅游产品推介会在攀枝花召开，攀枝花市 11 家主流媒体、22 家知名旅行社负责人出席。2016 年，在第 4 届中国—南亚博览会暨第 24 届中国昆明进出口商品交易会和上海中国国际旅游交易会上进行旅游推介。2018 年，在昆明长水机场、南永公路安装宣传广告牌。

利用光禄古镇网站、“文旅姚安”微信公众号、光禄古镇微博、光禄古镇抖音号、“游云南”App 等多个平台，开展光禄古镇网络营销。加大节会宣传力度，邀请主流媒体对“姚安荷花节”进行宣传报道，通过《云南日报》、《春城晚报》以及中央电视台、云南人民广播电台等媒体开展宣传报道，提升光禄古镇的知名度和影响力。2017 年，中央电视台大型电视纪录片《记住乡愁》第 56 集《滇中古镇 为而不争》，以及以光禄古镇为拍摄场景的网络微电影《转角找回爱》成功播出，引起社会关注；借助全国主流媒体走进楚雄开展“自驾七彩云南·落地彝乡楚雄”大型宣传活动，组织多家媒体运用两微一端、微博直播、VR 全景摄影、航拍等多种技术手段，对光禄古镇、百果园、姚安路军民总管府等主要景点进行拍摄宣传。2017 年 6 月，东方玫瑰谷、百果园两家企业参加在昆明举办的南亚东南亚国家商品展暨投资贸易洽谈会，把光禄古镇旅游产品推向海外；国庆、中秋长假期间，13 辆房车旅游团队进入光禄古镇，开创光禄古镇房车自驾游先河。2018 年 11 月 19 日，借助上海市嘉定区与楚雄州结对扶贫协作的契机，大力宣传推介光禄古镇旅游产品。2018 年，云南融和旅游开发公司组织接待 4 期近 1200 名攀枝花市的学生，开展研学旅游教学活动；组织国学培训班 3 期，培训学生 130 名；古镇高府林苑酒店举办“江阴周庄”2018 中国体育彩票全国象棋业余棋王赛云南赛区姚安预选赛；《走进迤西文献名邦——姚安》《中国影像方志·云南姚安篇》两部纪录片均以光禄古镇为主要拍摄地点，在中央电视台等媒体播出后，产生了很好的旅游宣传效果。2020 年，云南省情系列微视频之《美丽云南（第二季）——光禄古镇·美名》成功拍摄并播放，网剧《燕山派与百花门》到光禄古镇取景拍摄，光禄旅游人气不断提升。

旅游产业发展 按照云南省政府推进旅游革命的重大部署，围绕姚安县委、县政府“一乡、两城、三基地、四产业”的发展思路和实现旅游产品业态创新、发展模式变革、管理服务提升和旅游产业转型升级的目标要求，着力抓好旅游规划、项目实施、宣传营销和智慧旅游建设等工作，推进全域旅游、乡村旅游和智慧旅游，加大光禄古镇旅游产品宣传营销力度，光禄古镇旅游长期保持稳步健康发展。2020 年，姚安县共接待国内游客 270 余万人次，其中光禄古镇景区游客 110 余万人次，实现旅游业总收入 23.45 亿元，实现旅游项目投资 12 亿元。

景区环境保护 2010 年开始，加强光禄古镇景区环境监测，景区空气、噪声、水质均达到国家标准。加强景区单体建筑物的维护和修缮工作，地埋管线，使构筑物及管线设置与环境、景观协调。加强景区绿化和美化，开展补植补绿工作，美化景区环境。2018 年，制定光禄古镇景区环境保护长效机制，旅游主管部门落实旅游厕所管理职责，建立健全旅游厕所保洁制度。旅游企业和农业庄园负责姚安路军民总管府、高府林苑酒店、荷塘月色庄园、东方玫瑰谷、百果园等景点环境的清扫和维护，精准化、精细化抓好景区范围内卫生保洁，抓好景区标识标牌的设置和维修保养。光禄镇政府负责辖区内街道、集贸市场、乡村公路、河道沟渠等环境卫生的整治工作，定期整治乱堆、乱放、

环境卫生监督员（2014 年）

乱搭、乱建、乱丢、乱刻、乱画、乱吐“八乱”现象，合理布局、分类配置古镇新老街区垃圾箱和保洁资源，坚持“干部挂包、门前三包、城镇监管”相结合，提升光禄古镇及其外围环境卫生保洁水平。

旅游景区及景点

光禄古镇　光禄古镇是姚安县最核心的旅游景区，主要包含姚安路军民总管府、古镇街巷、龙华寺三个部分，这些地方既是光禄镇内重点文物保护单位，也是到光禄的游客一定要游览的景点。建于元代的姚安路军民总管府位于光禄古镇西关，是景区内唯一收费的景点，2020 年收费标准为 10 元 / 人。古镇街巷布局呈“坤”字形，结构严谨，风格独特，其中古院落、古街道、古商铺等建筑保存完好，是光禄旅游、休闲、购物的

荷塘月色庄园（2017 年）

重要景点。建于唐代的龙华寺是楚雄州内最古老的名寺之一，其宫殿式建筑保存较为完好，2006 年 6 月被公布为国家重点文物保护单位。

荷塘月色庄园　属于光禄古镇核心区周围特色农业庄园，为古镇旅游重要景点之一。2012 年开始，光禄古镇西关外龙华路旁的小荷塘种植观赏荷花，引来很多游客驻足观赏、拍照。2013 年，种植荷花 300 亩，建设青石板观光栈道 1200 米、木质观光栈道 750 米、休闲散步栈道 2300 米、观景台 4 个、游客接待和旅游商品展示中心 2500 平方米、景观小桥 2 座、亭子 5 座、牌坊 1 座。2014—2015 年，扩建荷塘种植，每年种植荷花 1000 亩，为游客提供赏荷花、荷塘泛舟、放河灯、火把狂欢及篝火晚会、婚纱外景拍摄、挖莲藕体验、特产购买等活动及服务，提升荷塘月色庄园的景观、绿化和旅游功能。2017 年，光禄景观大道北侧扩建荷塘 650 亩。2013 年以后，每年举行荷花节，开展以荷花为主题的系列文化娱乐活动，并举办旅游推荐、招商引资、美食比赛和土特产品展销活动。每年 7—10 月，光禄古镇掩映在千亩荷塘之中，翠绿欲滴的荷叶、香远益清的荷花与千年古镇交相辉映，一派“接天莲叶无穷碧，映日荷花别样红”的壮观美景，迎来万千游客。

东方玫瑰谷　位于光禄古镇西南的小康郎箐。2013 年，引进云南晟瑞农业科技有限公司开发建设东方玫瑰谷，种有食用玫瑰、观赏玫瑰 1057 亩，约 120 万株，建设 10 亩玫瑰种苗繁育及观赏大棚，形成千亩玫瑰花海景观，成为光禄古镇旅游亮点。东方玫瑰

东方玫瑰谷（2020 年）

谷是百年品牌“潘祥记”的玫瑰花种植基地，主要为“潘祥记”鲜花饼提供玫瑰花原材料，并制作销售鲜花饼、玫瑰醋、玫瑰茶、玫瑰酱、玫瑰汁及玫瑰露等产品。2017 年 5 月，著名主持人杨澜在玫瑰谷开展“寻香、寻乡、寻祥”直播活动。2018 年 4 月 20 日，云南“潘祥记”邀请著名舞蹈艺术家杨丽萍到东方玫瑰谷采摘玫瑰花，现场分享鲜花饼制作技艺。东方玫瑰谷是光禄古镇人气最旺的旅游景点之一，每天都有络绎不绝的游客前来赏花，品尝鲜花饼。

百果园 位于光禄镇后营村。2014 年，通过招商引资成立楚雄中耕现代农业发展有限公司，2015 年启动建设，2017 年完成第一期规划项目并开始经营，2018 年成功申报农业农村部精品庄园。现已建成迎春踏青、消夏避暑、金秋赏月、冬觅清幽、四季百果飘香的休闲观光农业庄园。百果园总面积 2000 余亩，从世界范围内引进种植红心猕猴桃、软籽石榴、车厘子、嘉宝果、冬桃、人参果、杨梅等近百种水果，建设标准化示范种植基地。园内配套建设四合院餐厅、特色客栈、会议厅、游泳馆、儿童游乐场、酒吧等设施，打造集观光、采摘、度假、休闲、娱乐、会议接待于一体的精品农业庄园。2017 年以来，每年举办风车节，提倡亲近自然、健康适度的简约生活理念，组织接待意大利、澳大利亚等国家少年儿童参观、交流，接待浙江、上海、广东等地旅行团，年接待游客 3 万余人次。

百果园桃花（2018 年）

腊梅庄园　腊梅庄园是楚雄腊梅庄园农业开发有限公司通过流转小邑村腊梅厂、小邑等村民小组、光禄社区云自登小组土地，于 2014 年建成的集育苗、生产、冷链物流于一体的蔬菜生产基地，辐射带动光禄、小邑、旧城、江尾种植蔬菜 3000 余亩。此外，腊梅庄园还种植蓝莓、软籽石榴等水果，以及花卉、食用菌等品类的种植、收购、储存、保鲜、加工和销售，发展蓝莓采摘和休闲观光产业。

高原特色现代农业示范园　云南中以高原特色现代农业示范园位于工业园草海片区南永公路旁，占地 1150 亩。由云南省投资控股集团有限公司和以色列 SIMA 公司合作共建，云南省城乡规划设计研究院和以色列 BF 农业设计公司联合设计，通过引进全球领先的农业技术及管理经验，依托姚安高原气候优势，培育集合作种植示范、高原特色农业展示、配套建设加工物流、观光休闲体验于一体的多功能综合特色农业示范园，带动和促进农业相关产业发展，为推动现代农业转型升级提供有效的引领示范。高原特色现代农业示范园规划布局温室大棚区、配套加工区和露天种植区，其中，温室大棚 10 个，占地面积 313.17 亩；配套加工区面积占地 24 亩；露天种植区建设面积为 15 亩的方格状态种植单元，主要种植西红柿、草莓、黄瓜等水果蔬菜。产业链涵盖精品蔬菜育种（苗）、种植、加工、运输、销售等完整环节，同时向农户提供技术培训和技术帮扶。

滇中天文科普科研教学基地　位于光禄镇小邑村稗子田小组，距离光禄古镇旅游核心区 12 千米，规划占地面积 5000 亩，由云南泓衢农业科技开发有限公司投资建设。2019 年 1 月 16 日，姚安县人民政府与云南泓衢农业科技开发有限公司签订投资协议，同年 3 月开工建设滇中天文科普科研教学基地。该项目充分利用姚安地区暗夜星空资源优势，规划建设天文馆、科研馆、科普园、观星台、主题酒店、房车营地等，截至 2020 年，完成一期建设项目土地平整和光禄古镇至滇中观星科普科研教学基地土路开挖等工程。

旅游路线及服务

姚安周边旅游路线 光禄古镇是昆明到大理、丽江、腾冲、香格里拉等滇西旅游线上的重要旅游目的地，同时也是出川入滇的重要交通节点。随着昆明—楚雄—姚安—大理高速公路的开通，光禄古镇到昆明仅 2.5 小时车程、到大理 1.5 小时车程。向北至攀枝花方向，有“昆明—禄丰恐龙谷—楚雄彝人古镇—南华咪依噜风情谷—姚安光禄古镇—大姚三潭瀑布—永仁方山—攀枝花”旅游线路。楚雄州内旅游，形成“楚雄彝人古镇—南华咪依噜风情谷—姚安光禄古镇—大姚三潭瀑布—永仁方山—元谋土林”旅游环线。

光禄旅游路线 根据游客不同时间安排，推荐光禄旅游三条旅游路线。光禄古镇半日游路线：古镇回型街—姚安路军民总管府—龙华寺—荷塘月色庄园。

光禄古镇一日游线路：上午到龙华寺、东方玫瑰谷、古镇回型街，下午游姚安路军民总管府、荷塘月色庄园、百果园。

光禄古镇两日游线路：第一天上午游古镇回型街、姚安路军民总管府，下午游荷塘月色庄园，荷塘泛舟，晚上参加篝火晚会、自助烧烤；第二天上午游饮光石箐公园，到龙华寺祈福，游东方玫瑰谷，采摘玫瑰制作玫瑰糖，下午游滇中观星基地及百果园。

住宿及餐饮服务 2019 年年末，光禄古镇共有旅游企业 2 家、客栈酒店 5 家、餐饮企业17家。高府林苑酒店于2015年被评为五星级特色民居客栈，能够提供住宿、餐饮、娱乐等服务。荷香别院位于荷塘旁边，是以荷为主题的特色酒店。二娘寨位于光禄古镇西部朝阳新村的荷塘边，是一家具有光禄地方特色的农家乐。东方玫瑰谷销售鲜花饼、玫瑰花精油、玫瑰香皂等系列产品，深受广大游客的青睐。

旅游设施及监管

光禄古镇牌楼 位于光禄古镇景观大道与南永公路连接处，2016年启动建设景观牌楼，2018年竣工投入使用，为光禄古镇标志性建筑。光禄古镇牌楼长52米，高23.4米，两道大门分别对应连接进出古镇景观大道的南北两车道。光禄古镇牌楼为廊桥式，牌楼建筑设计引入城门的理念，把廊桥、阁楼以及城门三者进行了有机糅合，既体现廊桥的凌空飞渡，又不失城门的稳重庄严，还衬托出阁楼的玲珑剔透。

游客服务中心 位于从光禄古镇牌楼进入景观大道30米处北侧，2016年开始建设，2018年建成投入使用，是光禄对外宣传的重要窗口，也是承接和服务游客的驿站。游客服务中心主体房屋分为1号、2号、3号三个院落，设有游客接待大厅、信息中心、购物中心、餐饮中心、旅游公厕、大（小）型停车场等设施。按照国家AAAA级旅游景区标准全新打造的游客服务中心，是楚雄建筑面积最大、设备最齐全、功能最完善的游客接待中心。游客服务中心景点示意图标注主要景点及旅游服务设施的位置。服务中心大厅内放置有触摸屏电脑，方便游客自主查阅景区信息，资料架上还有免费的景区导览宣传资料供游客选择。

旅游公路及停车场 2012年，新建高雪君祠门前的停车场、左门与龙华寺公路交叉处停车场和占地面积3600平方米的龙华寺停车场；改造高府林苑酒店配套道路建设和古镇北关道路；对白塔路双向四车道提升改造。2015年，实施光禄古镇自行车速降赛道、汽车营地等项目，更新旅游标识系统。2020年，投资1.5亿元的县城到光禄古镇8.29千

光禄古镇游客接待中心（组图）（2019 年）

米旅游专线公路通车，旅游交通条件不断改善。规划建设光禄古镇饮光石箐汽车营地，建设满足自驾游客观光、摄影、休息等需求的观景平台，并在姚安县城整合建立具备道路救援、人员救助、医疗救护、车辆维修等功能的应急救援站。截至 2020 年年末，光禄古镇游客服务中心、荷塘月色庄园、龙华路小荷塘、姚安路军民总管府、龙华寺、高府林苑酒店、朝阳新村、饮光石箐、光禄印象 9 个停车场，共有车位 800 余个。

智慧旅游平台 2016 年，启动智慧旅游平台建设工作，利用互联网、微信平台、楚雄旅游网等媒体宣传光禄古镇丰富的旅游资源和优质的旅游产品。2018 年，推进“一部手机游云南”建设，完成城市名片、景区名片、景区导游导览、公共服务等项目的数据采集，建设安装慢直播监控系统 6 路、智慧厕所监控系统 6 个、智慧停车场监控系统 1 个，游客通过手机 App 平台，随时可以对姚安路军民总管府、龙华寺、东方玫瑰谷、百果园等 6 个景点景区动态情况，以及景区旅游厕所、停车场运行情况进行实景观看，利用手机预订景区门票、酒店床位、餐饮店就餐位等，让游客通过手机尽享互联网带来的便利、快捷的旅游服务。委托云南腾云信息产业有限公司完成智慧景区管理系统建设。该系统具备视频和监控管理、应急救援、指挥调度、客流监测、信息安全防护、智慧化设施设备维护等功能，实现了全省同步上线运行的目标，提高了旅游管理服务水平，提升了光禄古镇景区智慧化水平，践行“游客旅游体验自由自在、政府管理服务无处不在”的理念。2019 年，实现光禄古镇景区 6 个景点和姚安路军民总管府电子票务系统在“游云南”App 上的扫码识景、识人功能升级，光禄古镇景区智慧化建设与管理水平工作再上新台阶。

旅游市场监管 县镇两级及相关职能单位定期不定期对旅游景区景点、酒店、民宿客栈、餐饮企业、特种设备、食品安全开展专项检查。以“八不准”为抓手，持续深化旅游市场秩序整治，发挥多部门联合执法作用，强化旅游综合监管效能，持续保持旅游市场整治的高压态势。加强对古镇景区无照经营、流动摊贩、围追兜售、强买强卖等损害游客权益、扰乱景区秩序、影响景区形象的经营行为的整治，着力整治好景区餐饮业的饮食卫生、菜品安全。开发具有地方特色的旅游商品，为游客提供丰富且独具特色的旅游产品和旅游纪念品。加强旅游购物场所和经营从业人员管理，做好质量、价格、计量、位置和售后服务管理，景区旅游购物场所一律实行明码标价。

加强行业自律，开展专项行动，从源头防范旅游违法行为，指导涉旅企业整合“12315”“12301”投诉举报热线，加强“游云南”App 旅游投诉功能。2019 年，在旅游行业中推行《旅游从业人员“八不准”》《楚雄旅游红黑榜制度》，由旅游企业主签订《诚信经营承诺书》，严厉查处旅游市场行业乱点问题。开展涉旅经营企业评价工作，组织专家组对 3 家星级旅游民宿进行评价。2019 年 5 月 24 日，挂牌成立姚安县旅游购物退货监理中心、姚安县旅游市场综合监管调度暨“一部手机游云南”投诉处置（旅游购物退换货监理）指挥中心，在游客接待中心设立了退货服务点，开通游客退货 24 小时投诉电话，高效快捷处理游客投诉及退货诉求，在时限内办结游客购物退货投诉案件，实现光禄古镇旅游市场秩序平稳有序。

风土民情

光禄镇是云南省内最早与中原文明交流、融合的地区之一，教育、文化发达，民风淳朴，素有“迤西文献名邦”的美誉，是各族人民安居乐业的美好家园。光禄地处滇中偏北的特殊地理位置，世居民族为汉族和彝族，汉族人口居多，因接近四川省攀枝花市和凉山州地区，以及明清时期迁入汉族文化的影响，形成其独特的饮食、服饰、居住等风俗习惯，形成多民族相互交融的特色文化和风土民情。境内出产山药、莲藕、茯苓等土特产品，同时还有套肠、乳鸽、椒盐饼、鲜花饼等特色美食。

美食小吃

套肠 又名圈圈肠、千层香，是光禄镇及周边的姚安坝子的独有美食。套肠加工采用新鲜的猪小肠，翻肠后用面粉搅拌、抓捏、搓揉、清洗，反复 2 ~ 3 遍，至水清无味后以适量的盐、辣椒、花椒等配料拌匀，使小肠两面裹上作料。灌填时，用小肠的一头填进另一头，然后握在手里边拉边攒，最后拉攒成紧实饱满的一个小圈，用麻线打结扎紧，拿到太阳下挂晒风干。套肠自然风干，至色泽光鲜、呈微红，即可收贮。

煮食套肠前，先用清水泡软，用文火慢炖最佳。出锅后，先冷却，再切。从横断面下刀，正切成圆形或斜切为椭圆形。装盘时，可凭兴趣摆放造型。上桌前，可用热水

套肠（2020 年）

蒸，也可用微波炉加热。上桌时，在盘下置一托碗，里面盛热水，以避免套肠在用餐过程中因油脂凝结而使色香味流失。

民间还有关于套肠的传说。相传古时候，光禄一家大户人家杀年猪，杀了好几头。按惯例，长工们除了要为主家腌制肉块外，还要加工制作一些肉香肠和一些豆腐肠。也许是计划不周，最后剩余一堆小肠没有肉丁或豆腐来灌填。巧合的是，主家外出，无法拿定主意。思前想后，他们自作主张，将剩余的小肠拌上食盐和辣椒面。考虑到主家回来时好清点，他们每节小肠圈一圈，用这头填进那头，然后边拉边攒，圈成小圈扎紧。就这样他们既完成了工作，又没有浪费主家的原材料。主家回来后，自然很满意。到这年的除夕，主家烹饪发现，这竟然是一道前所未有、与众不同的美食，味道比以往的豆腐肠、肉香肠都要好。后来，大家纷纷效仿，代代相传，套肠就这样成为光禄当地人的至爱，成为光禄引以为荣的珍馐佳肴，成为光禄餐桌上的招牌菜，成为当地馈赠亲朋好友的最佳礼品。

椒盐饼　椒盐饼是姚安地区最有代表性的一种特色食品。一般的制作方法是，在面粉中加入适量的盐，用温水和成面絮，摊开晾凉后揉成面团，均匀地分成若干小团。然后，将每一小团按扁，擀成圆形，在面片上加入玫瑰糖、葱花或其他食物作馅，再将面片撮合，按成圆形，压成面饼，再在面饼上刷上香油，撒上一层面粉和花椒粉，放入圆形平底锅里，罩上烧有炭火的锅罩，掌握好火候，将面饼慢慢烤熟。出锅的面饼，色泽金黄，表皮酥脆，馅心香甜适口，还有椒盐的香味。

相传，大理国时期，姚安光禄地区有一户姓李的三口之家。勤劳的夫妇俩有一手独特的面食手艺。农闲时，便做一些面饼拿到集市上卖。几年后，夫妇俩为儿子李木娶了媳妇。儿媳十分孝顺，夫妇俩就将制作面饼的手艺传授给她。儿媳妇心灵手巧，不仅学会了手艺，还按照自己的想法做了改进。此后，儿媳妇每天将做好的面饼作为早餐，其余的再拿到集市上售卖。由于味道好，价格又不贵，人们都愿意购买她的面饼，并赞赏她手艺好。她做的面饼不愁卖不掉，因此，一家人的日子也过得越来越好。一次，大理国皇帝到当地，听说这名村妇做的面饼特别好吃，就命手下人买来品尝。尝过之后，皇帝连连称赞，就派御厨向李家媳妇学习手艺。李家媳妇也毫无保留地将制作技艺传授给这位御厨。此后，大理国每年召开君臣大会，皇帝都要命令御厨制作椒盐饼和大臣们一起品尝。就这样，李家媳妇制作面饼的方法就传播开来。因为她对公婆孝顺，人们就将她制作的面饼称为“孝顺饼”。自从大理国皇帝将这种面饼作为朝会食物以后，李家媳妇的面饼生意就更加红火了。所以，人们又将这种面饼称为“交运饼”。寓意是，只要吃了这种面饼，就会交上好运。随着时间的推移，“交运饼”的称呼就演变为椒盐饼了。

凉粉　凉粉是光禄的传统特色小吃，以爽滑、清凉、酸辣著称。制作前先将大米淘洗，除去杂质，用水浸泡一定时间。同时，取优质的石灰，加水溶解成石灰水，通过澄清、过滤，反复几次，取清净石灰水备用。大米浸泡后，连水带米在石磨上磨成米浆，盛入锅中，用旺火将锅中米浆煮沸，然后以小火慢熬，并用一根木棍在锅中不断地搅动。待米浆熬制熟透，把事先准备好的石灰水缓缓注入锅中，再熬制几分钟后快速舀出，盛在盆中，让其自然冷却凉透即可。在烈日炎夏，街边或商铺前的树荫下，一块案板，两筛凉粉，三缸作料，四条板凳，五六个人围坐在一起，来上一碗凉粉，清凉爽口，浑身的暑热顿时消散。

臭豆腐米线（2019 年）

臭豆腐米线　臭豆腐米线是光禄地区特有的传统小吃。臭豆腐米线的主料就是米线和臭豆腐。光禄的米线与外地米线不同，人们称之为“酸浆米线”，具有在制作的过程中自然形成的酸浆味。臭豆腐是本地白豆腐经过自然发酵而成。煮臭豆腐米线时，用铜锅或砂锅，放入事先熬好的骨头汤，再在锅内放入臭豆腐，待臭豆腐煮熟时加入米线，再次煮沸后，依次加入各种作料。黏稠的汤汁和各种天然食材的香味加上爽滑的米线，形成浓郁、浑厚、独具特色的味道。

米虾　米虾是用大米加工制作的光禄地区传统小吃。将优质大米放在石磨里磨成粉，然后加清水搅和成粉浆，放在锅里熬煮到散发米香味。同时准备一个漏勺和一大盆凉水，把漏勺放在盆上，待米浆熬好后，用一把木瓢将米浆舀起，慢慢倒入漏勺。米浆顺着漏勺的小孔一滴一滴地滴入凉水中。米浆遇凉，迅速凝固成形似虾米状的颗粒，所以称作米虾。米虾制作完成后舀入碗中，加入红糖熬成的冰水，就是一碗红红白白、甜甜滑滑的美食。传统方式制作米虾还需加入一种名为冰粉的辅料来增加米虾的清凉口感。冰粉是用一种木本植物的果实制成的，晶莹软滑，入水即化，经常用作制作凉虾时的辅料。

糖狮子（2014 年）

糖狮子　20 世纪 90 年代以前，糖狮子是光禄地区小孩子喜爱的甜食。近年来，因琳琅满目的糖果可供孩子们食用，所以很少有人制作和销售糖狮子了，其制作工艺也成为当地一项非物质文化遗产保护项目。制作糖狮子，先要用高温将糖熬煮成糖浆，再将爆米花倒入沸腾的糖浆里进行搅拌，最后根据需要做成不同形状的食品。这样制成的食品，叫作米花糖。糖狮子，就是米花糖的一种，是用糖浆混合爆米花制作成狮子形状的米花糖。制作糖狮子难度最大的是将带有糖浆的爆米花制成狮子形状。只有技巧娴熟的人，才能制作出栩栩如生的糖狮子。过去，糖狮子是春节、元宵节期间必备的食品之一。

米酒　也称为“白酒”“甜白酒”，是光禄地区一种传统美食和营养保健食品，因为酒精的含量比较低、味道极佳，所以深受人们的喜爱。光禄地区酿造米酒一般用本地糯米或者大米加纯甜酒曲酿成，含有葡萄糖和丰富的维生素、氨基酸等营养成分，有活血养气、活络通经、补血生血以及润肺之功效。由于以前粮食产量低，故一年中只在春节前几天才开始酿制，以供家人和亲戚春节期间饮用。

玫瑰米酒羹　用本地酿造的米酒，加少许藕粉、玫瑰花熬制而成，入口滑润，口感极佳，营养丰富，具有补气血、润肠、益胃的作用。玫瑰米酒羹是光禄镇近年依靠千亩玫瑰基地新开发出来的一道特色美食，高府林苑、二娘寨等酒店、餐厅都会首推给客人品尝。

土特名产

乳鸽 光禄镇坝区土地肥沃，气候温和，盛产稻、麦、豆等粮食，鸽群觅食容易，繁殖迅速。光禄乳鸽毛色多为银灰色，部分为白色、土红色，体形中等，呈元宝形，较为短胖，胸圆背宽，尾短而翘，嘴细而鼻瘤小，头盖骨圆且向前隆起，形态笔挺，性情温驯。每对种鸽年产仔鸽 8 对 ~ 9 对。乳鸽一般在 30 日龄以内，体重在 350 克 ~ 500 克时出售和食用。4—6 月龄青年鸽，体重 600 克 ~ 700 克。1986 年，在光禄龙华寺旁建乳鸽养殖场，存栏 1000 羽，带动全镇乳鸽养殖业发展，1995 年乳鸽存栏达到最大规模。之后，乳鸽养殖受市场需求和价格影响，利润减少，存栏数逐年下降。光禄乳鸽销往四川省攀枝花以及云南昆明、保山、大理等地。截至 2019 年年末，全镇乳鸽存栏 18000 羽，年出售乳鸽 72000 羽。

百合 光禄镇种植百合历史悠久，多为零星种植，小邑村靠近山区的村组种植得较好，个头大且一煮即烂，入口即化。百合除了富含淀粉、蛋白质、脂肪、钙、磷、铁、维生素 B_1、维生素 B_2、维生素 C、胡萝卜素等营养成分以外，还含有秋水仙碱等多种生物碱，具有良好的滋补功效。

鸽子（2005 年）

①莲藕（2017 年）
②山药（2017 年）
③生态养蜂（2015 年）

莲藕 光禄栽种莲藕历史悠久，2000 年以前栽种的以澄江红花莲为主，栽培技术相对落后，产量少、产值低。2001 年以后，从湖北引进鄂莲四号、新一号等品种，推广浅水种植技术。2013 年以后，光禄借助千亩荷塘建设，从四川、湖北等地引进观赏性荷花品种，进行试验示范。扩大食用莲藕种植规模，实现早、中、晚熟莲藕品种的合理搭配，形成以浅水藕“引、繁、推”为基础，“产、加、销”一体化的产业发展格局。

山药 光禄境内出产的山药色白、个大、味正、质量上乘，不但是优质菜肴，还具润肺理气之药用功效，既是上等名菜，又是天然补品。光禄坝区和山区都有种植，其中班刘大冲村生产的山药品质最佳。山药一般在 11 月开始上市，春节前后销量最大，是馈赠亲友的佳品。

蜂蜜 光禄坝区盛产油菜花、玫瑰花、荷花，山区和山坝接合部有野坝子、杜鹃花，境内四季均有不同的鲜花盛开，蜜源丰富，气候适宜，养蜂条件较好，盛产优质蜂蜜。光禄养蜂历史悠久，小邑、梯子、新庄、后营等村均有养蜂农户，冬春季节还有北方蜂场到光禄养蜂。光禄镇出产的蜂蜜质地纯净、味正可口、营养丰富、色香味兼优。

鸡枞　多生长在后营、新庄、吴海等村靠山地带，丘陵地带偶有生长。光禄出产的鸡枞肥硕壮实，质细丝白，类似鸡肉，含有钙、镁、铁、磷、蛋白质、维生素 B_2、维生素 B_3 等多种营养成分。

牛肝菌　主要生长在山林间，生长期为每年的 6 月至 9 月中旬，有白、黄、黑、红四色牛肝菌。牛肝菌味道鲜美，营养丰富，可药用，具有清热解烦、养血和中、追风散寒、舒筋活血、补虚提神等功效。

青头菌　生长在树林中的草丛间，生长期为每年 6—10 月，菌帽质地坚固，呈青绿色和白色混合状。青头菌肉白质嫩，气味芬芳，含蛋白质、钙、磷、铁、硫、胺素、维生素 B_2 等多种营养成分，适合有眼疾、肝火盛、抑郁症、痴呆症患者食用。

松露　生长于与左门乡接壤的梯子村一带的林地中，采摘时间为每年 10—12 月，

鸡枞（2005 年）

牛肝菌（2005 年）

青头菌（2005 年）

松茸（2005 年）

松露（2005 年）

具有极高的营养保健价值，其中含有的雄性酮有助阳、调理内分泌的显著功效；鞘脂类化合物在防止老年痴呆、动脉粥样硬化以及抗肿瘤细胞毒性方面有明显活性，具有增强免疫力、抗衰老、抗疲劳等功效。

松茸 生长于光禄镇与左门乡接壤的结璘山、花椒园等高海拔林地，在云南松、华山松与栎树、杜鹃等混交林的密林中常单生或群生，每年6—11月出菇，8—9月为出菇旺季。松茸菌盖初为半球形，后展开成伞状，表面干燥，呈灰褐色或淡黑褐色，菌褶白色。松茸具有强身、益肠胃、止痛、理气化痰、驱虫等功效，还具有治疗糖尿病、抗癌等特殊功效。

茯苓 生长于光禄山区林间，茯苓具有生津液、利水渗湿、健脾、宁心的作用，被视为珍品。《云南通志》记载，茯苓，“姚安者为上”，生长于长数十里、周百余里的松林间。旧时林密，茯苓多，且常有大茯苓，后由于松林渐稀，茯苓少，大者不过四五斤（2千克～2.5千克）。清末，“姚茯苓”曾经是云南上贡朝廷的地方珍品之一。

生活习俗

饮食习惯 汉族地区以大米为主食，肉食为猪肉、鸡肉和牛肉，蔬菜品种较为丰富，常食水果有苹果、梨、桃。彝族地区过去以荞、麦、稗子为主食，如今都以大米为主食，主要肉食为猪肉、羊肉、鸡肉等，自产蔬菜较少。随着经济条件改善，彝族群众到县城购买蔬菜、肉类产品的数量日益增多。彝族多居住在高寒冷凉地区，喜酒好客，每逢过年过节和婚丧嫁娶都以酒待客。随着经济社会发展，汉族和彝族的饮食习惯越来越相近，年轻人中饮酒、抽烟人数有减少的趋势。

居住条件 元、明时期，汉族多以“屯”“卫”等军事编制形式定居。后来军屯废弛，逐步形成以宗族、家族为单位的村落，多以一姓宗族或家族为主，住房多为瓦房和砖混结构房屋，抗震水平普遍较高。大多住房依地势而建，顺次相连成巷。集镇民居多

农家小院（2022 年）

沿街道建房，沿街一面为铺面。过去彝族村寨房屋有瓦房、茅草房、土掌房、垛木房，每户住房多组成院落，正房住人，两厢多做畜厩、磨房。进入 21 世纪以瓦房和砖混结构房屋为主，正房一般分左、中、右三间，中间一间称堂屋，是吃饭、会客和举行祭祀等重大家庭活动的地方。

民间服饰 汉族的服饰与其他地方相同，彝族服饰因居住地方不同而各不相同。接近左门乡的西部地区彝族妇女衣服以红色、白色和蓝色为主色调，头饰绣花鸟图案，腰间系五彩飘带，色彩鲜艳。接近前场镇的吴海村彝族妇女服饰以蓝色、白色和黑色为主色调，佩戴黑色或蓝色头布，穿绣花鞋，腰间多系蓝色围腰。随着社会发展，彝族男性服饰多数与汉族相同，少数还保留穿黑色或蓝色对襟绣花衣服的习惯。过去彝族群众穿

彝族刺绣（2018 年）

虎头鞋（2017 年）

耕牛犁田（2002 年）

羊皮褂，用于御寒和作为挑担子、背篮子时候的垫层，随着生活条件的改善，穿羊皮的人越来越少。

劳作方式 光禄镇农耕文化历史悠久，过去农田耕作以牛耕为主，运输以马、骡、驴驮运为主。20 世纪 90 年代以后，旋耕机、打谷机、插秧机、收割机、汽车等农业机械和运输车辆迅速得到推广应用，农业生产效率得到极大提升，乡村面貌发生翻天覆地的变化。

集会庆典

龙华会 每年的农历二月初八在光禄龙华寺举行，是光禄地区影响最大的民间庙会。龙华会的起源有两种说法，其一是人们对土主的祭祀活动，在龙华寺下方的土主庙敬拜“土主菩萨”。其二是为纪念大理国时期相国高泰祥的 9 个子女团聚而举行。龙华

2008 年龙华会开幕式现场

会有迎神、唱戏、耍龙、舞狮、踩高跷、跑旱船、演奏洞经音乐等活动，民众云集，呈现“游人万万千，寻春到佛前”的盛况，历经元、明、清、民国时期，经久不衰。民国末年，政府下令禁止该活动。中华人民共和国成立以后得到恢复，“文化大革命”开始后，龙华会被视为迷信而取缔，停办数年。1985 年 3 月，县委、县政府决定恢复龙华会。县、镇两级组织举办龙华会活动，龙华会又呈现盛况空前的景象。由于赶会人增多，龙华会改设主会场和分会场，在光禄和县城两地同时举行。

荷花节　2013 年开始，每年在光禄古镇举办荷花节，开幕时间在 7—8 月，国庆节以后闭幕，一般历时 2 个多月。古时候，光禄人民根据坝子沼泽、水塘较多的实际，广泛种植莲藕，以莲藕为美食，用莲花美化生活。随着文化旅游产业不断发展，光禄地区建成以旅游观光为目的的“荷塘人家”，以及南永公路至光禄镇之间近千亩连片种植的观光荷田。荷花节以古镇印象、古镇魅力、古镇荷韵为主题，举办荷韵灯会、姚安民间文艺展演等系列活动。荷花节期间，推出文艺演出、荷韵摄影、荷塘灯展、荷塘泛舟、荷塘帐篷之夜、火把狂欢、美食品鉴、民俗体验等系列活动，每年都有创新发展。2020

2019 年荷花节开幕式

年，为防控新冠疫情，停止举办荷花节。

牛展会　2016 年 7 月，在光禄镇举行首届牛展会。之后，每年举办一次牛展会，具体时间在夏秋之交时择日举行。牛展会是肉牛养殖成果及养牛经验交流的盛会。每年牛展会设养牛设施及饲草料产品加工展示区，开展肉牛养殖技术、牛肉制品、牛汤锅饮食文化等推介宣传。牛展会期间，组织专家对参加展示的肉牛进行评分，对获奖的养殖户给予奖励。通过牛展会现场观摩学习交流，提高养殖户的养殖水平，展现姚安县肉牛产业发展成就，同时也为肉牛养殖户搭建销售平台。2020 年，为防控新冠疫情，停止举办牛展会。

岁时节俗

春节　阴历腊月最后一天，称为“除夕”，又称“大年三十”。此前一两个月，家家户户就开始筹备过春节。杀年猪，做咸菜，舂饵块，备年货。腊月二十四“送灶君”，祈求灶君保佑灶不断炊、火不熄灭；腊月二十八“掸尘”，各家各户打扫卫生。除夕当天，出门在外的人回家与家人团聚，下午贴春联、封门，摆香案或到家堂祭祀祖先，燃放烟花爆竹，然后吃“年夜饭”。饭后，儿童向长辈拜年，长辈给儿童“压岁钱”。深夜成人围在炭火边“守岁”，一夜不眠。次日为大年初一，清早，成年男性“煮糯斋”，燃放鞭炮“接天地”，饭前要到庙里祭祀祈福。当天，全家老幼要穿新衣服，一般不吃荤腥，多吃年糕、糯米饭之类的食物。年初二至年初五，合家到坟山祭祖。在外经商、工作的人们，趁春节回家的机会，走亲访友，增进感情。

春牛节 明洪武八年（1375），“钦天监降《春牛经》式，礼部案卷通行天下”，遵依行式。明朝时期很多随军移民搬迁至光禄地区，江尾张家村旧时曾有“春牛节”的习俗。春牛是指用土塑成的泥牛像，所以又叫土牛。因为岁末十二月建丑，属牛。每年立春，气候变得暖和，人们开始春耕备耕。春牛节，表示劝农和春耕的开始。江尾上、中、下三村轮流举办春牛节，定点在海田里举行。节会上，周边村民看热闹的络绎不绝，会场有耍龙灯、舞狮、山歌对唱等文艺表演，还有餐饮、小商品售卖等活动。最后，由专人执彩杖将土牛敲打成碎块。饲养牲畜的农户纷纷拾捡春牛泥团，拿回家放在饲养牲畜的槽内，拌饲料喂牲畜，希望来年所饲养的牛、马、驴、骡兴旺、健壮。春牛

民间舞龙（2016年）

节折射出农民对农业生产的重视，以牛作为农业的象征，用打春牛寓“迎春天，祝丰收”之意。1948 年后，停止举办春牛节。

上元节 农历正月十五为“上元节”，也称“元宵节”。此日，一家人坐在一起包元宵，敬献天地。元宵用糯米面制成，馅一般用花生、核桃切细拌红糖。吃元宵前取下大年三十贴在大门上的“门封纸”烧毁，表示年已经过完，将开始新一年的劳作。

清明节 清明节祭祀活动主要是扫墓，敬备茶、酒、肉食、香纸等祭品，到祖先墓地祭拜，然后对墓地周围进行清理，以防杂草损坏坟墓。人们还在门上插柳条，以避邪驱邪。坝区汉族多在清明节前几日扫墓，各家选定扫墓的日子各不相同，山区彝族一般在清明节当天扫墓。

端午节 每年农历五月初五为端午节，又叫“端阳节”。清早家家都在门上挂菖蒲、艾蒿，饮雄黄酒，赶药街，吃包子、粽子，给儿童系五彩线、戴“荷包”以避邪。姚安县城十字街摆药摊出售中草药，人们到集市上“赶药街”，旧时有“若要娃娃乖，五月端午赶药街”的说法。时至今日，人们在沿袭旧俗“赶药街”的同时，还会选购花草树木，栽在房前屋后或花台里面，美化环境。

火把节 是彝族地区最普遍、最隆重、最富有民族特征的节日。火把节原系彝族十月历法的一个年节，节期正当在北斗星下（北）指的大暑之日，故又称“星回节”，取斗转星移之意。因彝族后来改奉正朔，火把节便确定在每年的农历六月二十四至二十六举行。不同的彝族村寨，过火把节的具体时间不同。光禄地区有火把节当天夜晚“耍火把”的风俗，用点燃的火把照房子，希望房屋避免火灾；照人，希望可以免除灾祸；照庄稼，希望驱除田鼠，使庄稼免遭鼠害，获得丰收。如今耍火把所要表达的这些具体含义已逐渐淡化，但通过耍火把来寄托人们对美好生活的向往这一精神没有消失，所以耍火把作为六月二十四火把节最基本的活动项目，被彝族人民保留下来。每年火把节期间，各村寨组织开展篝火晚会、跳左脚舞等活动，附近的太平、前场等集镇开展文化、经贸、旅游、招商引资等活动。

中元节 农历七月十五是中元节。七月初一“接亡”，家家户户用生麦芽供于祖宗牌位前，同时摆放果品、茶、酒等祭品，表示迎接祖宗回家，然后每日上香、叩拜。因旧时光禄地区集市日逢二、五、八日，故光禄地区在农历七月十四“送祖”（也称“送亡”），意为祖宗们拿到阳间人供奉的钱财，次日赶一下集市然后返回阴间。“送祖”一般在傍晚，各家在大门口找一块地，摆放茶、酒、肉，用冷水泡供饭，燃香，逐一焚烧写有亡者姓名并用包封装好的冥衣裤、纸钱等，泼凉水饭，表示已送祖宗返回阴间。

中秋节 农历八月十五是一个团圆的节日，也称过“团圆节”。节前，要接回出嫁的女儿，外出的家人也需赶回家过节。家家户户备办月饼、核桃、板栗、石榴、梨等食品和水果。待月亮出来时，祭拜祖宗，合家围坐在一起，品尝月饼，饮酒赏月，共庆团圆。

十月朝 农历十月初一至初十，各家煮好祭祀贡品，到亡者坟前焚纸钱祭拜。坝区汉族每年“十月朝”都到坟山敬拜祖先，多数山区彝族群众没有此习俗。近年来，倡导文明祭奠新风，人们上坟由以前烧香、烧纸改变为坟头插香、压纸，以杜绝野外用火。

彝族年 又称彝族十月年，是楚雄彝族自治州地方性法定节日，每年的彝族年期间休假 5 天。彝族年来源于彝族太阳历，按照太阳历法，一年 10 个月，1 个月有 36 天，一年 10 月终了，另加5 ~ 6天的“过年日”置于岁末，每隔3 ~ 4年增加1天为“六日”。彝族年期间，光禄古镇举行跳左脚舞、篝火晚会和旅游宣传推介活动，游客众多。光禄镇梯子小学等彝族地区学校，在彝族年期间举办文艺表演和体育比赛活动。彝族年一般在冬至后 5 ~ 6 天。

特色文化

小邑拉花 “小邑拉花”是姚安花灯歌舞标志性的剧目和表演形式。姚安花灯是在姚安这块土地上产生和发展起来的一门独具特色的艺术，是云南花灯的重要组成部分，曾经有“唱到中南海”“舞到东南亚”的辉煌。花灯最初是随着明朝时期大规模从江南地区移民、屯军的移民而传播到云南，因演出时用灯笼照明，灯笼都要装饰得精致好看，因而得名花灯。在光禄小邑这个特定区域内发展起来的花灯，流传较为持久，表演较为规范，久而久之成为一个成熟的、独具特色的歌舞风格。表演形式一般为一名男性（俗称“打岔佬”）手持道具“膏药伞”，引领着一群姑娘翩翩起舞，边舞边唱。“打岔

“小邑拉花”表演（2016年）

佬”以“打岔”的方式，与姑娘们一问一答、一唱一和，将表演内容一步步引向深入。这样的表演结构紧凑，不拖泥带水，呈现出热烈、欢快、喜庆的气氛，具有较强的感染力，能够收到非常好的艺术效果。“小邑拉花”演唱经常使用的曲调是《打岔调》《鹊鸣闹五更》《庄家闹五更》《大绣香袋》等。“打岔佬”表演时运用的舞蹈动作有边鱼上水、斑鸠渡食、老牛擦背、喜鹊登枝、簸箕转、崴步、颠步、三穿花等。“小邑拉花”代表着姚安花灯歌舞的最高成就，其演唱形式和演唱风格在云南花灯歌舞中独树一帜，成为云南花灯歌舞的一个重要品牌。“小邑拉花”在传承中不断完善，走出村镇，走上县级、州级、省级和全国的文艺大舞台。2008年6月，“姚安花灯”被列入国家级非物质文化遗产名录，“小邑拉花”传唱成为当地文化活动的重要内容。

坝子腔 坝子腔是姚安特有的一种民歌形式，又名秧歌、田歌，也称曲子、调子，是传唱人把源于传统农业劳动而产生的牛歌、对曲子糅合而形成的一种民歌形式。

牛歌源于犁田、耙田人使唤牛的吆喝声。每年春夏之交的春耕生产季节，放水泡田之后，牛倌就开始犁田、耙田，平整水田。在犁田和耙田的过程中，牛倌为了让牛按照自己的意愿走，除了用绳子和牛鞭约束，还要不停地用吆喝声来调整耕牛的行动。一些具有音乐天赋的牛倌们，就将驱牛、喊牛之声演化为悠扬婉转、抑扬顿挫的牛歌。旧时每到栽秧季节，只要有犁田、踩耙的地方，就必然会有一阵阵牛歌之声飘荡在繁忙的田野的上空。

对曲子，一般只在栽秧季节对唱，也叫“对秧歌”。起源于栽秧季节男女劳作活动中。对曲子的基本形式是劳动过程中的女人和男人对唱，一唱一和。对曲子没有曲谱，但有一种低回婉转缠绵、悠扬又回环往复的旋律。内容一般都不固定，通常是口头即兴创作，见到什么就唱什么，想到什么就唱什么。

姚安坝子腔主要流传于姚安坝子、蜻蛉河沿岸和河谷地区。由于口腔发音不同，分为上坝调、下坝调、东坝调和西坝调。一般在春耕、中耕季节，边劳动边对唱，具有知识性、趣味性、自娱性的特征。主要演唱形式为男女对唱和独唱，唱词主要是传统故事、自然风光、生产知识、爱情、赞美、歌颂等内容，是一种即兴发挥的口头文艺形式。歌词一般由主词和副词组成。主词两句，副词六句至八句不等。主词有固定的格式和大致统一的旋律格式，一般比较悠扬辽远。副词也就是被称为“剁板”的部分，其演唱的歌词与旋律，都较之主词有非常大的区别。虽然副词在内容上与主词没有必然联系，音乐的节奏也比主词有较大变化，但副词在推进音乐的旋律、增加演唱艺术方面却有重要作用，尤其是演唱的节奏既行云流水，又起伏变化。原始的坝子腔没有任何音乐伴奏，20 世纪 80 年代，坝子腔开始在舞台上表演，逐步有乐器伴奏。2008 年，“姚安坝子腔”被列入国家级非物质文化遗产名录。

洞经音乐 自明朝时起，姚安就有颂唱儒教、佛教、道教的洞经音乐活动。在光禄

坝子腔表演（2019 年）

本地，以“儒教”为主，一些有文化的志士自发组织社会团体“文明社”（也叫“文昌会”），用儒教的教义，配合道教举行祭祀活动，歌唱文昌洞经及诸佛道教的经典和儒家学派的礼义道德。颂唱洞经时将古筝、琵琶、箫、笛、二胡、钟、鼓、钗、铙、钹等乐器配在一起，旋律优美动听、舒心悦耳，浑厚圆润的乐曲交融叠映，尤显古朴典雅，闻之即有肃然起敬之感。清光绪年间（1875—1908），精通乐谱的马驷良从浙江卸任回乡，把光禄当地洞经音乐与江浙音乐融合起来，同时矫正音律，使光禄当地洞经音乐演奏趋于清雅，归于正统。

彝族左脚舞 又称“打跳”“跳脚”“跌脚”“跳左脚”，是彝族人民在长期的社会生活中形成的，主要以娱乐、交往、健身为目的的民间舞蹈。左脚舞具有相对固定的歌、舞、乐相结合的跳法和唱法，不受人数、场地限制。每逢喜庆婚娶、吉事礼俗、传统节日、农闲时节，彝族人便会自发地聚集在一块，少则几人，多则上百人乃至上千人，手牵手，围成一个圆圈，边跳边转圈。男人们粗犷地弹着弦子或拉着二胡，女人们则放声高唱“左脚调”。跳脚人伴着铮铮弦音或二胡音，和着高亢嘹亮的歌声，时而搓脚闪腰，时而折步跌脚，时而甩腿对脚，时而摆手转身，舞步整齐统一，既刚劲有力，又轻盈健

彝族左脚舞（2017 年）

美。过去，只有彝族人民喜爱跳左脚舞，随着社会的发展与进步，左脚舞已经成为人们健身活动的一种舞蹈。

二胡演奏 光禄地区具有花灯演唱的悠久历史。演唱花灯的一种主要伴奏乐器就是二胡。小邑村有部分花灯艺人在传承和弘扬二胡的演奏技艺。二胡音色深厚、甜润、纯正而雅致，悦耳动听，可表现各种情调的曲调、音型等，既可以独自演奏，也可以与其他传统乐器相配合演奏或伴奏。

铁艺 俗称打铁，是流传于光禄地区一种古老的铁器锻造工艺，盛行于整个封建社会时期，20 世纪 80 年代后慢慢减少。打铁的设备，一般有火炉、风箱、砧铁、铁锤。打铁前先通过拉动风箱，将炉火烧旺，然后将要锻打的铁件放到炉火中烧红后移到砧铁上，由师傅掌主锤，引导徒弟进行锻打。反复多次，直到将铁料锻打到预期效果为止。制铁技艺关键是淬火，它关系铁艺成品质量的好坏，全凭师傅经验把握。在农耕时代，铁器成品与传统生产方式相配套，有农具，如犁、耙、锄、镐、镰等，也有部分生活用品，如菜刀、锅铲、刨刀、剪刀等，还有一些小的配件，如门环、泡钉、门插等。

砖刻 光禄地区砖雕是在砖坯上雕刻图案后用烈火烧制而成的一种青砖。用于烧制砖雕的砖坯，必须选用优质黏土，经多次踩压使之质地匀净、软硬适中、不含气孔，经人工摔打制成符合要求的砖坯，然后在砖坯上进行雕刻，雕刻完工后晾晒，待砖坯干透

铁器（2020 年）

后装入砖窑经特殊的烧制工艺进行煅烧，其间要掌握好时间、火候，方能制成砖雕。保留砖的本色，不另行染色。砖雕多用于大型建筑和大户人家大门、照壁、墙面的装饰。民间砖雕从实用和观赏的角度出发，形象简练，风格浑厚，不盲目追求精巧和纤细，以保持建筑构件的坚固，能经受日晒和雨淋，多用于房屋滴水檐。

木雕 光禄地区的木雕多集中在寺院，装饰庙宇的栋梁、屋椽、门楣，其中保存至今的以龙华寺中的木雕佛像为最多，具有造型凝练、刀法熟练流畅、线条清晰明快的工艺特点，显得金碧辉煌，给人以富丽、庄严之感，堪称是中国古代艺术品中的杰作。民间木雕一般只在大户人家才有，现存民间木雕主要集中在仅存的几户大户民居中，内容以人物、花卉、生活风俗、神话故事居多，主要用于窗格、屏风、栏杆、家具等。

根雕 光禄镇雕刻者以从山间或河边偶遇的奇形怪状的树根、石头之类为基础，经过自己的一番钻研思考和对原始材料的理解构思，在保证造型完整的前提下巧妙地借用根形、根态创作，把这些捡来的原料雕刻成各种人物或动物。光禄根雕技艺传承人王德基从事根雕艺术已有 30 余年，他将继承传统与创新求变有机结合，雕刻创作了 1000 余件根艺作品，作品涉及人物、花、鸟、鱼、虫等，不仅具有很强的观赏性，还结合实际应用于生活，实现了观赏与实用的有机统一。

擀毡 擀毡工艺是 17 世纪下半叶，由西藏传入云南迪庆，再由迪庆传到姚安的。在姚安，尤以光禄小邑村对擀毡这项技艺掌握得比较好，影响也比较大。较早时，小邑村李氏祖先到迪庆做生意，从迪庆买回一块垫毡，保暖性极强，且比较实用。于是就用弹棉花的工艺来尝试制作毡子。经过反复试验，不断改进技术，终于掌握了擀毡技艺。他们还创造性地在毡子上绘制“麒麟献瑞”“马鹿望金钟”“孔雀开屏”“双狮齐舞”“鸳鸯戏水”“青山翠竹”“荷塘花艳”等不会褪色的图案。这样，他们就将一种普通的生活用品变成了具有艺术价值的工艺美术品。在小邑李家制作的众多毡品中，最具特色的是有衣袋的毡褂。每年农闲时节，擀毡匠都要在姚安县及邻县的山区擀毡。擀毡工序复杂，难度较大，特别是制作花毡，技术要求甚高，用料特别讲究。早时小邑村的擀毡手艺从不外传，对内传男不传女。过去的小邑村绝大多数男性都能熟练地掌握这门手艺。随着社会生产力的发展，现代机器工业逐步取代传统手工业，如今小邑村擀毡艺人已为数不多。

民间礼仪

婚嫁礼仪 旧时子女婚姻依父母之命、媒妁之言，婚礼习俗繁杂。中华人民共和国成立以后，男女婚姻自主，多数夫妻都是自由恋爱，少数仍由媒人介绍。无论是自由恋爱，还是经人介绍认识，传统婚嫁一般要经过说亲、踩门、订婚、过礼、迎亲、回门、拜年的过程。男女双方认识并有一定感情基础后，男方或者招女婿一方请媒人到对方家里说亲，媒人一般由夫妻双全的女人担任。双方家长有结成亲家的意愿后，双方父母或亲人到对方家庭了解情况。双方家庭都满意后，选择一个好日子举行订婚仪式，招娶的一方带着烟、酒、鸡、糖果等物品，偕同媒人一起到对方家里，宴请出嫁一方家庭亲朋好友，商定彩礼、婚期等事宜。订婚后将彩礼送给对方家里，此过程称为“过礼”。举行前期礼仪之后，双方择定吉日，分别邀请亲朋前来“做客”，嫁入一方组成迎亲队伍前来迎亲。新郎、新娘在双方家里拜天地、拜祖宗、拜父母、拜尊长，然后正式结为夫妻。婚礼后第二天（或结婚数天后）新郎送新娘回到娘家住一段时间，数天后接回婆家，此过程称为“回门”。新婚后第一个春节，新婚夫妇带上礼品到岳父母家拜年，一般在大年初二或初四，择双数日拜年。

生育庆寿 小孩出生后，新当父亲的姑爷要到岳父母家报喜。娘家得喜讯后一般由岳母带着鸡、红糖、鸡蛋和婴儿衣物等物品，来看望自家女儿和新生宝宝。产妇出院回到家里“坐月子”，一个月内不到别人家，也不出门劳动。小孩满月后，选择吉日请满月酒，亲朋好友带鸡蛋、婴儿衣物等礼物“送祝米”，祖父或尊长者为孩子取名。小孩出生一百天，有些家庭举办“百日宴”，若家里繁忙也不一定举办。孩子满一周岁又举行“周岁宴”，之后父母一般每年都给小孩过生日。长成大人后，不一定每年都过生日。父母到六十寿辰时，子女一般都会为老人举办寿宴，感谢父母养育之恩。

起房建屋 建盖房屋的时候，必须举行破土动工仪式，在选定的中心柱基位置摆放三牲、香纸等祭品，一般由家里的尊者或建房大师傅主祭、杀鸡、烧香，祈求平安吉祥、家业兴旺，然后动土开挖地基。建盖土木结构房屋，择吉日举行竖柱上梁仪式，亲朋好友前来祝贺、送礼。近年来，农村一般建盖砖混结构住房，在浇筑柱基、楼层封顶的时候燃放鞭炮，举行简单的仪式。新房建成之后，择吉日吉时举行乔迁仪式，房主带油盐柴米、衣物、床被等生活用品进入新房，亲朋好友前来祝贺，气氛热烈。

丧葬祭祀 老人病危，子女须将其搬到堂屋，亲人昼夜轮流照顾。当老人即将停止呼吸的时候，家属给老人喂“含口钱”，用布遮盖死者的脸，随后穿寿衣，使之仰卧，盖上被子，然后遣人向亲朋好友报丧。父母去世，子女在外者须回家奔丧。亲人到场后方可入殓，女性死者入殓须有娘家人到场。入殓后设灵堂，子孙及亲属为其守灵，然后择时出殡。2018 年，殡葬制度改革，死后遗体送殡仪馆火化后葬入公墓，丧事从简。每年春节、清明节、中元节、十月朝，家人到墓地祭奠祖先，缅怀故去亲人。

方言土语

名字称呼语

山头——山上

家头——家里面

吊瓜——茄子

牛头饭——稠稀饭

罗丝拐——脚踝

腿肚包——小腿

灶屋——厨房

小地搭——小板凳

山丫巴——山口

钵兜——大碗

爷老王——阎王

胳肢拉窝——腋窝

磕膝头——膝盖骨

睡屋——卧室

老飞蛊——大蝴蝶

芒芒——蜻蜓

老恨虎——猫头鹰

晌午饭——下午饭

毕色——臭虫

等杆骨——胫骨

懒弯筋——踝腱

手巴心——手心

老倌倌——老男人

老耶——叔叔

青竹标——竹叶青蛇

格蚤——跳蚤

脚恋杆——小腿骨

脚底板——足底

顶门心——头顶正中

大爹——伯伯

我老倌——我老公

老孃——姑姑

生活常用语

吃芒芒——吃饭

乖突突尼——听话温顺

稀不拉他——不扎实

憨不噜粗——笨的很

沟松底漏——办事纰漏多

攒劲得很——非常的好

大声武气——说话声音大

黑咕隆咚——太黑

高低些——还可以

锈头叮当——小气

怪哩古咚——古怪

掺毛得很——指人很有出息

枯区枯区的——小声说话

怪夭夭呢——脾气古怪

娘声夺气——娘娘腔

睡喏喏——睡觉

烂眯鲊眼——不讲规矩、乱干

西里打耍——不认真

二不贯八——说话离谱

二古楞蹭——思维不随主流

害怕怕呢——危险、恐怖

邋遢得很——不讲卫生

恶起西霞——暴躁可恶

死头干浆——思想僵化

抖怜嗑颤——胆小怕事

枯出枯出的——小动作

扯筋——不合群，不顺从

革得马西——胡说、乱说

背时得狠——倒霉（运气不好）

根楞伴倒——不着调

歇后语

马抖身子——姚安（摇鞍）

有船无桨——南华（难划）

狗咬摩托——不懂科学

狗咬吕洞宾——不识好人心

黄鼠狼给鸡拜年——不安好心

上厕所不带纸——想不开

癞蛤蟆跳秤盘——自称

姊妹找婆家——各得其所

泥菩萨过河——自身难保

马尾穿豆腐——不值一提

擀面棍吹火——一窍不通

骑驴看唱本——走着瞧

铁公鸡——一毛不拔

冬天穿背心——假装精神

地摊卖书——没架子

瞎子点灯——白熬（费）油

半空中的口袋——装疯（风）

狗咬苍蝇——瞎嚼

猫哭老鼠——假慈悲

大姑娘上轿——头一回

老鼠拖秤砣——自塞门路

朽木搭桥——难过

麻布洗脸——初（粗）相会

千里送鹅毛——礼轻情意重

鸡蛋碰石头——自不量力

肉包子打狗——一去不回

老鼠进书柜——咬文嚼字

羊圈里的毛驴——与众不同

门缝里看人——把人看扁了

兔子的尾巴——长不了

电杆当挖耳——大材小用

长添灯草满添油——早做准备

人物

光禄人杰地灵，英才辈出，曾孕育了很多名人至贤。清朝末年，赵子骧、马驷良两位邻居分别在河南、浙江为官，政绩卓著，传有“三步两道台”的佳话。姚安县在抗日战争时期为国捐躯的“八百壮士”中，光禄有57人。中华人民共和国成立以来，光禄镇有19人在解放战争和剿匪、援藏、抗美援朝、中越边境自卫还击战等诸役中壮烈牺牲，有9人获得省部级以上表彰奖励。

鎮

人物传略

赵子骧（1835—1884） 字达夫，号金坡，别号古愚，姚安光禄镇人。赵子骧自幼喜爱书法，拜师临习柳公权《玄秘塔碑》及欧阳询等其他碑帖。学习期间，除致力于经、史、子、集外，还博览各类典籍，深入探究历代政治、军事的兴衰得失。他说："这些知识与诗书礼乐同等重要。身处乱世，不学习一些经世致用的知识，日后怎么能报效国家。"身处乱世的赵子骧，怀抱着"达则兼济天下，穷则独善其身"的信念，在家乡设帐授徒。清同治八年（1869），应清军提督杨玉科的邀请，赵子骧走上从军道路。清光绪三年（1877），赵子骧因战功受到朝廷嘉奖。光绪四年（1878）十月，赵子骧带着家人到河南赴任。在河南任上，他忠于职守，发奋有为，励精图治，清正廉洁，获得很好的政声。他奉命督办税收和治理黄河积沙，廉洁从政，恪尽职守，认真督办，所负责的工作都取得很好的成绩。在负责治理河沙和抢修城池等工作期间，他身为道台，却在茫茫大雪天气，坚持到工地督办，带病坚守岗位，顺利完成治河工程。

清光绪十年（1884），赵子骧因长期操劳过度，积劳成疾，病逝于河南任上。

马驷良（1838—1917） 字星五，一字景楼。光禄布家村人，后移居光禄街北关。马驷良年轻时期，聪颖博学，曾于清同治末期补为博士弟子员。同治年间，参与平定滇中叛乱有功，被破格提拔录用，发往浙江补用。补用期间，负责处理保甲和剔除盐政弊端两件大事。因他在办理这两件棘手的案件上敢于碰硬，又取得突出政绩，被授予浙江宁绍台兵备道道台，负责办理海防，重点是负责办理抵御法国侵略军的防务。

解甲回乡后，马驷良努力为家乡办实事，造福乡里。他热心公益事业，广行善举，乐于扶危助困。姚安遭受重大饥荒时，姚州府请马驷良主持赈灾工作，救民于水火。他在家乡努力发展教育事业，重建凤岫书院，聘请举人甘仲贤、副榜张廷用为先生，自己也参与讲授。创办女学，聘请美国学者郭凤石教授英语，开姚安聘请外国教员的先河。

倡导栽桑养蚕，兴办实业，让家乡民众广开财路。

马驷良是一个多才多艺的人，在诗词歌赋、书法绘画、音乐曲艺等方面都有浓厚兴趣和精深造诣。回到家乡后，他推动开展文化活动，倡议重建文昌宫，重修活佛寺、维风亭等文化设施。他从事各类艺术创作活动，留下一大批具有很高艺术价值的诗词与书法作品。马驷良还改造组建光禄洞经社，训练青年子弟的音乐理论和演奏技能，捐赠苏州产全套打击、丝竹乐器给洞经社。

张廷用（生卒年不详） 字竹贤，光禄镇北关人。清光绪甲午副榜（举人），历任府学教授，裁成甚众。其间，又负责管理地方经费，廉洁奉公，为人刚正不阿、办事严谨、一丝不苟。晚年居家，诗酒自娱，花晨月夕，均有吟咏；名胜古迹，时发幽思。存诗集《淡极斋诗草》六卷，姚州文化名人甘德柄曾做点评。

赵鹤清（1866—1954） 字松泉，号瘦仙，清末举人，是民国时期享誉省内外的国画家、书法家、园林艺术家和诗人。

赵鹤清

青年时期，赵鹤清先后拜北派山水画家徐少甫、刘旭初，以及昆明籍画家马伯瞻为师，学习书画技法。清光绪十年（1884），赵鹤清辞家远赴江南，在江南苏杭一带游学，遍访江南山水和名胜古迹，广交文化名流。其间他意识到书画技艺“北派擅长魄力易失于枯窘，南派擅长风韵易失于柔靡”，于是“取其长而弃其短，熔南北为一炉，自树一帜焉”。

光绪二十四年（1898），赵鹤清旅居昆明，为发展家乡经济奔走。他创办姚安机械织布局，筹措资金购买织布机，聘请工人，进行培训后带回姚安，在知州梁正麟的支持下，广招学徒。

1912 年，赵鹤清被任命为他郎厅（今墨江县）长官。在任期间，曾捐资修建城南“双桥”，现在已成为当地一大景观。1914 年，镇边县改澜沧县，他出任首届县长。任期内创办了“农事实验场”，引导当地农民提高种植水平。这一年，他与由云龙、张廷用等合作将清康熙时上元人任炎撰写的《菩提女传奇》改编为滇剧，并从 1914 年 5 月

27日起在云南《滇声报》上登载，对推动云南文艺发展产生了重要作用。

1915年，美国举办巴拿马万国博览会，邀请世界各国选送商品、工艺美术作品参加展出。云南选送推荐赵鹤清等人的绘画作品参展。赵鹤清的作品获得一等奖，其中国画《墨兔》获金质奖章。

1916年，赵鹤清将以描绘云南名山胜水为题材的178幅写生画汇集成册，名为《滇南名胜图》，交由昆明崇文印书馆印刷发行。《滇南名胜图》的出版发行，影响深远。时至60年后，台湾成文出版社印行“中国方志丛书”，将《滇南名胜图》列入“华南方志”的第250种，于1974年6月出版发行。1930年，昆明整修大观楼，经市长庾恩锡推荐，省长龙云聘请赵鹤清参加昆明市园林建设。他运用当年游历苏杭积累的园林建筑知识，结合大观楼四周的景致，在园内设计建造了一个“假山真登”的彩云岩。至今，彩云岩还是大观公园的一个著名景点。

1950年，赵鹤清被推举为云南省政协委员。他以毛泽东诗句为题旨巧妙构思绘成一幅《一唱雄鸡天下白》。该画曾于1955年在布拉格艺术之春博览会上荣获第5名。1954年，赵鹤清病逝于昆明，享年88岁。

钱世禄（1883—1935） 字茂勋，又字伯猷，姚安县光禄镇新庄钱家湾村人。钱世禄自幼聪明好学，嗜书画，喜诗文，入私塾读四书、经史，以博闻强识著称。后考入省城五华学校，发奋攻读。几年后，与好友由人龙一起考选公费留学日本，进入东瀛岩仓铁道学院攻读铁道机械学。

当时列强侵凌，清朝腐败，丧权辱国，仁人志士痛心疾首。钱世禄毅然加入民主革命的先驱及领导者孙中山在日本华侨和留学生中成立的同盟会。归国后，正值辛亥革命爆发，钱世禄与滇籍留日学生张质清、杨少甫、段裕如等投笔从戎。中华民国临时政府成立后，钱世禄在铁道部供职，先后任主事、技士、佥事、技正等职。以铁道部滇黔桂铁路特派员身份勘探西南地区地形和路线，为修建铁路开展前期工作。后临时政府改组，在西南兴修铁路的计划搁浅。民国临时政府迁都北京后，铁道部改为交通部，钱世禄仍供职于交通部，后因屡遭奸小排斥，退职赋闲在家，曾与陈衡恪、吴昌硕、齐白石等往来，并结为益友，名传一时。钱世禄一生创作绘画百余幅，留有诗文二集。诗画多以山水为题。其中，《寒冬霁雪图》获得陈衡恪赞赏，认为画面的诗情画意和艺术技巧都超过了原作。

尽管生活艰苦，钱世禄却不愿与世俗同流合污。他自题联“深恐与众人为伍，须知保晚节尤难”，以示洁身自好。1932 年，东北沦陷。钱世禄报国无门，悲愤不已，决心返乡，但因肺病不能成行，遂礼佛参禅，闭门不出。1935 年 10 月 10 日病逝于北京，享年 53 岁。

马思光（1893—1965） 字又君，马驷良幼子。少年时代，师从副榜（举人）张廷用攻读经史，并师从美国博士郭凤石学习英文。1917 年，考入云南陆军讲武堂，其间，与同班学员叶剑英、鲁松龄结下深情厚谊。1919 年，因父亲去世，马思光回家居丧，其间担任姚安劝学所所长。1921 年，马思光当选为云南省第三届省议会议员。1926 年，马思光前往江西投奔叶剑英。1927 年 12 月，跟随叶剑英率领的教导团参加广州起义。起义失败后投奔国民党政府第九战区司令长官鲁松龄，被任命为司令部参谋，随部队驻扎甘肃兰州，曾被委任为甘肃省岷山县县长。马思光深感政局混乱，宦海沉浮，遂不再涉足军政事务。寓居兰州期间，以研究医术、治病救人为业。

中华人民共和国成立后，马思光被分配到兰州市医院任中医师。担任中医师后，马思光勤勤恳恳，虚心为人民服务。由于他医术精湛，服务态度又好，深受群众好评。1961 年，马思光退休后重返乡里。在政府支持下，与老中医陶汝哲、朱灿春组建光禄联合诊所，不顾年高体弱，继续以治病救人为业。1963 年 12 月，被选为政协楚雄州第一届委员会委员。1965 年，马思光病逝，享年 72 岁。

名人履痕

徐霞客与光禄 徐弘祖，生于明万历十五年（1587），卒于明崇祯十四年（1641），字振之，号霞客，江苏江阴人，明朝著名的地理学家、探险家、文学家。他经过 40 年考察，撰写了 260 多万字的《徐霞客游记》，开辟了地理学家系统观察自然、描绘自然的新方向。该书既是地理学方面的明珠，也是文学佳作，在国内外都有深远影响。崇祯十一年（1638），徐霞客从大姚妙峰山进入姚安境内旅行考察。光禄是他在姚安旅行考

徐霞客曾住宿的龙华寺后轩北院（2018 年）

察的第一站。徐霞客于十二月十二日早膳后下山到光禄，经妙峰水库西转，过桥跨溪，上岭越坳，由坳转西，始见西坞大开。西南有烟波浩渺的海子，南有白塔耸立于西山下，从山路经稻田冲，改道上西坡南行，经后营村抵达海子北堤。沿堤岸小路到西坡下海口村（今海埂村），转南随西山麓东行达息夷村海子（息夷海子应为现在草海、马邑屯、河里渡、新邑村一带，古为湖盆湿地），行至海子西南尽头，顺路直抵大山下。经高土官家入峡谷上坡，经龙凤山（飞凤山，又称广木山）到活佛寺（亦名龙华寺），寺院僧人寂空留宿徐霞客歇息于后轩东。《徐霞客游记·滇游日记五》记载："其后有深峡下悬，峡外即危峰高峙，庭中药栏花砌甚幽，墙外古梅一株，花甚盛。下临深箐，外映重峦。"徐霞客在寺院后轩东厢极目远眺，遥望"白塔尚在寺东南后支冈上，冈东有白塔海子；其南西山下，又有阳片海子，其东又有子鸠海子，府城南又有大坝双海子，与息夷村共五海子"。徐霞客十三日从活佛寺下山，经由高土官家后侧转向南行，跨格香桥，沿海子北堤东行南转直抵海子东南尽头，遂越龙岗卫，过聚落东行，从西山侧转南入姚安府北门，宿青莲寺。徐霞客旅游考察在光禄仅一天的时间，但他对光禄山川、地形、地貌特征等都做了翔实的记录，虽历近 400 年沧海桑田的变化，但时至今日，都还能对照参见当年之状。

《滇游日记》中对姚安的游历记录：

十二日，饭，仍西下山（即崇祯十一年十二月，由妙峰山游姚安），二里，南行。二里，随坞西转。二里，有桥跨溪上，曰“梁桥”。度其北，即犵老（仡佬）村尽处也。其水自南来入，路从村西上岭。一里半，逾坳西，行岭上。半里，有岐从西南下，误从坡上直西半里，乃改从岐西南行。半里，渐下转南。又一里，乃南下半里，抵峡中。随峡南去半里，有大路随东峡来，小水随之。西半里，入南峡。一里，有池在峡中。又一里半，峡分两岐，从西南者，倚东岭平上，一里，南逾坳，由坳转而西，始见西坞大开。西南有海子颇大，其南有塔倚西山下，是即所谓白塔也。乃西南下坡，二里，有村在坡下，曰破寺屯。于是从岐直西小路，一里，渡溪，稍西南半里，有一屯当溪中，山绕其北，其前有止水。由其西坡上南行一里，即为海子北堤。由堤西小路行半里，抵西坡下，是为海口村。转南随西山东麓行，名息夷村海子。三里，海子西南尽，有路直抵大山下，半里，为高土官家。由其西南入峡中上坡，一里半，有神庙当坡峡间。又上半里，活佛寺临其后。其西大山，名龙凤山，又名广木山。寺号龙华，僧号寂空。是日下午，寂空留止后轩东厢。其后有深峡下悬，峡外即危峰高峙。庭中药栏花砌甚幽。墙外古梅一株，花甚盛，下临深箐，外映重峦。是夜，先订寂空，明晨欲早行，求为早膳。

白塔尚在寺东南后支岗上。岗东有白塔海子，其南西山下，又有阳片海子，其东又有子鸠海子，府城南又有大坝双海子，与息夷村共五海子。

十三日，昧，爽起……饭而下山。二里，仍出土官家后，遂转南行。一里，过格香桥，有小水自活佛寺后峡中来者。此峡正与白塔之冈中隔而对峙。又南二里，有冈自西界东突而出，路盘其东垂，则又一海子汇其东南。从海子

徐霞客纪游处碑（2020 年）

北堤东向行，半里，随堤南转，一里半，抵海子东南尽处，遂东南行，四里有冈自西而东突，是为龙冈（龙岗）卫。盘冈东皆大聚，半里，过聚东行，一里，复南，二里，曲度乾底，复南二里，则西山一峰复突其南，遂渐抵东山，则南北成两界焉。又南五里，而入姚安府北门，歇青莲庵。《青莲碑记》曰："东烟萝，西金秀，南青岭（晴岭），北曲折。"

姚安府南随峡上一百四十里，镇南州。东逾大山一百四十里，定远县。西逾小坡一百二十里，北随大坞下一百二十里，白盐井。

姚安东西两界，皆大山夹抱郡城当其南，西界最辟，直北二十五里，两界以渐而束，各有支中错如门户焉。中有小水，西自镇南州界北来，至郡北屡堰为湖，下流绕北峡之门而出，所谓青岭（晴岭）川也。

李贽与土同知高金宸　李贽，福建晋江人，中国历史上著名的思想家。明万历五年（1577）任姚安知府，万历八年（1580）自行辞官，以后再没有涉足官场。李贽为官，天性严洁，政令清简，处理政务时不讲排场，不注重形式。当时与他有交往的云南名儒李元阳曾写诗称赞他是"姚安太守古贤豪，倚剑青冥道独高。僧话不嫌参吏牍，俸钱常喜赎民劳"。李贽任知府时，与他搭档的是接替父亲袭任土府同知的高金宸。高金宸年轻有为，"勇捷绝伦，谦恭下士"，曾多次被朝廷征调参与各地平乱，因功受到朝廷六次褒奖。万历年间（1573—1620），高金宸奉命征讨缅甸叛乱，朝廷对他进秩赐四品服。巡按组织全省官员的政绩考核，又对高金宸进行表彰。李贽专门写了一篇《贺世袭高金宸膺奖序》的文章，赞扬高金宸"……以世受有爵之荣，是其可不知恩乎！知恩则思报，思报则能谨，守礼而不犯法，将与我国家相始终，无有穷时，其何

梅葛广场李贽铜像（2020 年）

幸如之？予既与高子时作是语已。今年春，巡按刘公，直指铁骢，大敝群吏，乃高子亦与奖赏，然则高子岂不亦贤哉！高子年幼质美，深沉有智，循循雅饬，有儒生之风。其务世其家，一求克盖前人者，尤可嘉也。于戏！予既直书奖语，悬之高门，以为高氏光宠矣。因同官之请，又仍次前语以贺知道。其尚知恩报恩，以勿弃余言，勿负于我国家也。”李贽离职以后，高金宸仍以土同知身份署理姚安府事。

郭沫若话剧《孔雀胆》创作原型 抗日战争初期，著名文学家、史学家和古文字学家郭沫若创作话剧《孔雀胆》在国统区上演，产生很大的影响。故事的原型是段功与阿盖公主的爱情故事。元朝末年，统治云南的梁王势力不断弱化，大理段氏实际上已经重新成为一支独立的势力，割据滇西数十年。元至正二十二年（1362），红巾军将领明玉珍派大将万胜攻打元朝控制下的云南行省，以获得云南铜、银等资源。至正二十三年（1363），红巾军攻下昆明，昆明的梁王仓皇出逃。在迎战溃败之后，梁王无奈向大理路军民总管府总管段功及姚州知守高义求援，高义与其女婿段功出兵打败红巾军，将红巾军逐出云南，梁王得以返回昆明。梁王给段功封官晋爵，并将其公主阿盖嫁给段功。阿盖公主是当时云南有名的美人，段功恋恋不舍，就留在昆明，而迟迟不回大理。段功原配夫人高氏写《玉娇枝》催促，段功才返回大理。然而段氏早与梁王有结，双方都想“吃掉”对方，下属劝段功不要再去昆明，段功不听劝说，再次回到梁王府。后来有人向梁王进谗言，说段功有吞并云南的野心，使得梁王决意除掉段功，授意阿盖用孔雀胆毒杀段功。阿盖是个善良的女人，她不想杀害自己的丈夫，便将此事委婉地告诉了段功，劝段功不要留在昆明，赶快离开，并表示愿意随他回大理。段功不信梁王会害他，没有离开昆明。梁王另设圈套，邀段功到长乐寺做佛事，在通济桥乘马惊时将其杀害。随后，美丽善良的阿盖用孔雀胆毒酒结束了自己的生命。

高义之女、段功原配高夫人《玉娇枝》:“风卷残云，九霄冉冉逐。龙池无偶，水云一片绿。寂寞倚屏帏，春雨纷纷促。蜀锦半床闲，鸳鸯独自宿。珊瑚枕冷，泪滴针穿目。好难熬，将军一去无度。身与影立，影与身独。盼归来，只恐乐极生悲冤鬼哭。”可见，高夫人是光禄历史上具有远见卓识、深明大义且极富文学才华的奇女子。

人物表

抗战英烈名录 抗日战争时期，姚安县参战将士中有764人牺牲，32人下落不明，被称为“八百壮士”。为国捐躯的英烈中，光禄籍有57人。

光禄镇抗日战争英烈名录

表7

姓名	职别	部队	阵亡地点	姓名	职别	部队	阵亡地点
武连龙	中尉	出国军	缅北	武现龙	中尉	五十八军	湖北
李廷才	士兵	六十军	江西高安	杨必龙	士兵	六十军	湖南
何文映	士兵	六十军	江西高安	杜连秀	士兵	五十八军	山东
刘永辉	士兵	六十军	山东	杨六勋	士兵	六十军	南京
李　有	士兵	五十八军	湖南	董开明	士兵	五十八军	湖南
杨怀春	士兵	五十八军	湖南	魏进维	士兵	五十八军	湖南
陈星辉	士兵	六十军	江西	张流恩	士兵	近卫二团	开远
李文有	士兵	五十八军	湖北阳新	曹正明	士兵	六十军	建水
杨泽宽	士兵	五十八军	蒙自	张中杰	士兵	运输团	昭通
杨兆和	士兵	六十军	江西	杨兆林	士兵	五十八军	开远
张文义	士兵	五十八军	湖南	李慈林	士兵	五十八军	湖南
吴连龙	士兵	出国军	缅北	余兴旺	士兵	五十八军	湖南
杨发伦	士兵	五十八军	广西	李家先	士兵	第十师	江西
李毓学	士兵	六十军	江西	马佩理	士兵	六十军	江西
王有方	士兵	六十军	湖北	李毓信	士兵	二十三师	河北
李灿春	士兵	五十八军	江西	李必金	士兵	二十三师	玉溪
施绍松	士兵	运输团	祥云	李开祚	士兵	出国军	缅北
鲁开玉	士兵	第六旅	桂林	李开玉	士兵	炮七团	姚安

续表 7

姓名	职别	部队	阵亡地点	姓名	职别	部队	阵亡地点
李毓宽	士兵	五十八军	江西	李灿文	士兵	五十八军	江西
李必富	士兵	五十八军	江西高安	李发信	士兵	五十八军	湖北芷江
李发升	士兵	近卫二团	蒙自	李毓学	士兵	六十军	江西
李应厚	士兵	五十八军	昆明	李人炳	士兵	六十军	江西高安
李发义	士兵	六十军	湖北芷江	李毓昭	士兵	五十八军	江西奉新
布春荣	士兵	新三军	江西奉新	李廷用	士兵	六十军	江西高安
李家兴	士兵	五十八军	江西高安	李家才	士兵	六十军	江西高安
李季春	士兵	出国军	缅北	冯开基	士兵	六十军	江西高安
王怀禹	士兵	五十八军	江西高安	杨景春	士兵	五十八军	江西高安
杨云洪	士兵	绥署炮兵团	山东	杨春兰	士兵	第一旅	昆明
万　禄	士兵	六十军	江西高安				

革命烈士名录　在解放战争和剿匪、援藏、抗美援朝、中越边境自卫还击战等诸战役中，姚安县有烈士 120 余名，其中光禄籍 19 人。

1949—1957 年光禄镇革命烈士名录

表 8

姓名	籍贯	牺牲时间	牺牲地点	牺牲时所在单位及职务
李家春	光禄新庄	1949.11	四川白马山	中国人民解放军某师战士
钱自沛	光禄新庄	1950.01	云南昆明	云南起义部队战士
李德安	光禄小邑	1950.01	云南昆明	云南起义部队战士
李听一	光禄小邑	1950	云南新平	新平县宁河乡乡长
何家有	光禄旧城	1950.01	云南昆明	中国人民解放军某部战士
杨必全	光禄东关	1951.01	朝鲜	中国人民志愿军某部战士
庞永生	光禄福光	1951.01	云南丽江石鼓	楚雄三大队五中队援藏民工
张仕忠	光禄后营	1951.04	滇藏公路	滇藏公路援藏民工
谢安仁	光禄后营	1951	云南丽江	滇藏公路援藏民工
何从如	光禄福光	1952	朝鲜	中国人民志愿军某部排长
张成经	光禄江尾	1952	朝鲜	中国人民志愿军某部战士
杨开武	光禄福光	1952.10	云南保山	中国人民解放军某部战士
李德芳	光禄梯子	1952.06	云南河口	中国人民解放军某部战士
唐士祥	光禄旧城	1952.07	朝鲜	中国人民志愿军某部战士

续表 8

姓名	籍贯	牺牲时间	牺牲地点	牺牲时所在单位及职务
王国宗	光禄福光	1953	朝鲜	中国人民志愿军某部战士
张凤礼	光禄福光	1953	朝鲜罗山	中国人民志愿军某部军械员
高正洪	光禄旧城	1953	朝鲜	中国人民志愿军某部战士
马良弼	光禄江尾	1954.03	广东海南岛	海南军区二支队新兵教练员
李守印	光禄小邑	1957	永宁台家湾	中国人民解放军某部战士

受省部级以上表彰英雄模范名录　中华人民共和国成立以来，光禄镇有受国家部委，以及省委、省政府以上表彰的英雄模范 9 人，来自农村、教育、邮电、计划生育等不同的领域和行业。

1953—1986 年光禄镇受省部级以上表彰人物名录

表 9

姓名	工作单位	职务	荣誉称号	评选机关	评选时间
李中秀	光禄朝阳村	农民	劳动模范	云南省人民政府	1953.12
张必翠	江尾小学	教师	模范班主任	教育部	1984.01
李茂芝	光禄邮电所	主任	先进生产者	全国先进生产者大会	1956
朱　浩	光禄邮电所	主任	先进生产者	邮电部	1958.04
张国忠	光禄供销社	会计	先进生产者	云南省人民委员会	1960.09
赵家寿	光禄旧城赵家队	队长	先进生产者	云南省人民委员会	1964.03
朱　映	光禄区人民政府	干部	计划生育先进工作者	云南省人民政府	1982
毕合芝	光禄后营新华村	社员	五好家庭	全国妇联、云南省妇联	1983.07
李德贤	仰拉小学	教师	先进教师	云南省人民政府	1986

非物质文化遗产传承人名录　截至 2020 年 12 月，光禄镇有县级以上非物质文化遗产传承人 23 名，其中省级传承人 2 人、州级传承人 2 人、县级传承人 19 人，传承项目有花灯演唱、坝子腔演唱、二胡演奏、擀毡、雕刻、绘画等。

光禄镇非物质文化遗产传承人名录

表 10

姓名	性别	项目及级别	时间
李守达	男	戏剧：花灯演唱 / 省级	2015 年
昝丽芬	女	曲艺：莲花落演唱 / 省级	2019 年
李映德	男	工艺：擀毡 / 州级	2005 年

续表 10

姓名	性别	项目及级别	时间
布春瑛	女	曲艺：莲花落演唱 / 州级	2019 年
金光芝	女	戏剧：花灯演唱 / 县级	2013 年
马菊花	女	戏剧：花灯演唱 / 县级	2013 年
吴柱兰	女	戏剧：花灯演唱 / 县级	2013 年
李　瑛	女	戏剧：花灯演唱 / 县级	2013 年
张立芸	女	曲艺：莲花落演唱 / 县级	2013 年
陶正菊	女	戏剧：花灯演唱 / 县级	2013 年
高菊苹	女	曲艺：莲花落演唱 / 县级	2013 年
李凡超	男	音乐：坝子腔演唱 / 县级	2017 年
唐仕桃	女	音乐：坝子腔演唱 / 县级	2013 年
彭菊香	女	音乐：坝子腔演唱 / 县级	2013 年
李培松	男	音乐：民歌演唱 / 县级	2013 年
鲁加林	男	音乐：二胡演奏 / 县级	2013 年
张炳银	男	音乐：二胡演奏 / 县级	2013 年
陶正南	男	音乐：二胡演奏 / 县级	2013 年
飞从海	男	美术：雕刻、绘画 / 县级	2013 年
王德基	男	美术：木雕 / 县级	2013 年
杨映菊	女	戏剧：花灯演唱 / 县级	2013 年
谢应光	男	工艺：铁艺制作 / 县级	2013 年
王国泰	男	祭祀：民俗礼仪 / 县级	2013 年

大事纪略

自战国后期庄蹻部将小卜略定滇西以来，光禄境内发生了汉武置县、天宝战争、元朝设姚安路等诸多重大事件，厚实了当今光禄历史文化名镇的根基。勤劳智慧的光禄人民在这片富饶的土地上开拓、耕读、兴业，留下丰富的文化资源，赢得了“鱼米之乡”“花灯之乡”等美誉。两千余年来，在光禄发生的历史事件不胜枚举，现仅列举十余条，作为前文补充和印证。

战国时期庄蹻部将小卜战死于姚安

战国后期，楚将庄蹻入滇，建立古滇国，派遣其部将小卜征服滇西地区。小卜不幸战死于姚安，其士卒驻守姚安地区，光禄也就随之归属古滇国，自此开启了与楚地文明之间的联系和交流。

西汉设弄栋县

西汉元封二年（前109），武帝派遣将军郭昌、中郎将卫广发兵巴蜀，击灭劳浸、靡莫，兵临滇境。滇王降汉，请置吏入朝，在云南设置益州郡。弄栋县为益州郡下辖二十四县之一，县治设在弄栋川，遗址在今光禄镇旧城村高陀山。

唐朝置姚州

唐武德四年（621），置姚州，领姚城、泸南、长明三县。唐麟德元年（664），改置姚州都督府，羁縻十三州，最多时羁縻五十七州。天宝战争后，蒙氏南诏设置弄栋府，光禄地区不再受唐朝控制。

大理国设姚府

后晋天福二年（937），段思平建立大理国，改弄栋府为姚府（别称统矢府）。南宋绍兴年间（1131—1162），段正严以军功封授高泰明之子高明清为姚府演习，世袭其地，光禄成为高氏封邑地。

元朝升姚安路军民总管府

元天历元年（1328），为了稳定云南行省对滇西地区的控制、遏制大理路段氏势力的扩张，姚州升为姚安路军民总管府，府治在光禄，高均明任总管。

清末遭受十余年战乱

清咸丰六年（1856），滇西杜文秀发动云南回民起义，姚州回民马金保等响应，姚州被回民起义军占领十余年之久。此间清军与起义军战事不断，光禄人民深受其害。

1915 年赵鹤清作品获国际金奖

1915 年，美国为庆祝巴拿马运河通航，举行巴拿马万国博览会。光禄籍著名画家赵鹤清的作品，经云南省及北洋政府逐级选送参展，获得一等奖，其中《墨兔》获金质奖章。

1936 年红军长征过光禄

1936 年 4 月 18 日，中国工农第二方面军六军团红军离开姚安县城，分东、中、西三路向光禄进发。东路沿中路河经后营、吴海、新庄向大姚县七街进发；中路经福光何家村、王家村、江尾上村、江尾下村、庄房、布家村同西路军在光禄街会合后，在光禄街、小邑一带宿营；西路经旧城、九街到光禄，在光禄街及附近村庄宿营。4 月 19 日，中、西路红军经石家茨芭、肖家凹、大新庄、小新庄、钱湾，向大姚县七街、石羊进发。红军严格遵守纪律，尊重和保护人民群众的利益，与光禄人民结下了深厚的鱼水情。

2000年“1·15”地震

2000年1月15日，姚安境内相继发生5.9级和6.5级地震，造成光禄镇民房倒塌454间，死亡1人，多人受伤，受灾7895户、30831人，直接经济损失1.23亿元。

光禄古镇旅游景区建设

2004年2月，启动光禄古镇及龙华寺景区开发建设。2012年11月，光禄古镇被评为国家AAA级旅游景区。2017年4月，光禄古镇成功申报为国家AAAA级旅游景区。

2004年光禄古镇被评选为中国历史文化名镇

2004年10月18日，云南省人民政府下发云政〔2004〕175号文件，光禄镇被列入创建省级历史文化名镇名录。2017年6月，光禄古镇被评为全省一流特色小镇。2019年1月21日，住房和城乡建设部和国家文物局公布光禄镇为第七批中国历史文化名镇之一。

2010年举办云南省首届花灯艺术周

2010年11月1—6日，在光禄古镇举办云南省第一届花灯艺术周，来自全省13个州市的39个参赛剧目和300多名演员参加展演与比赛。在全省优秀花灯剧目展演大赛中，云南省花灯剧院演出的《请村长》获得花灯小戏类剧目一等奖，玉溪市花灯剧团的《冤家亲家》获得花灯小戏类表演一等奖，曲靖市罗平县民族文工团的《走罗平》获花灯歌舞类一等奖。在全省青年花灯演唱大赛中，省花灯剧院张筱薇摘得桂冠。

精神文明创建

2015年，光禄镇朝阳村被评为云南省文明村；2017年，朝阳村被国家民委授予“中国少数民族特色村寨”称号，并获得“全国文明”村荣誉称号。2019年9月14日，光禄镇被评为云南省第八届文明村镇。

附录

此部分收录光禄古镇综合管理办法、光禄古镇新区居民管理办法、龙华寺文物保护单位保护范围、光禄社区村民民约等文献资料。

光禄古镇综合管理办法（试行）

第一章 总 则

第一条 为加强光禄古镇综合管理，营造清洁、优美、有序的工作生活环境，根据《中华人民共和国城乡规划法》《云南省城市建设管理条例》《云南省城市规划管理条例》《云南省市容和环境卫生管理实施办法》等法律法规，结合光禄镇实际，特制定本办法。

第二条 本办法实施的范围为：东至江尾村小新桥，西至龙华寺正门，南至旧城老鸦桥，北至北关大沙沟。光禄镇范围内机关、社团、企事业单位、村（居）民委员会和个人都应遵守本办法。

第三条 本办法所称古镇管理是指古镇的规划与建设、镇容镇貌和环境卫生、绿化、公用工程设施、环境保护、道路交通安全、市场等方面的管理。

第四条 光禄古镇的管理在镇人民政府的统一领导下，坚持以人民为中心，实行镇属各职能部门按其职能职责归口负责管理、公众参与、社会监督、建管并重和持续发展的原则。

第五条 光禄村镇规划建设管理所负责光禄古镇规划修编的具体组织、规划执行、监督管理及古镇风貌控制管理，光禄镇城镇管理执法中队负责环境卫生、市场环境秩序管理及协助派出所维护交通秩序；光禄镇国土资源所负责古镇建设用地的征用及管理；光禄派出所负责古镇交通秩序及治安管理；光禄镇交通管理站负责古镇过境公路的综合管理；光禄经济发展办、司法所、法庭、卫生院、文化中心等相关部门必须各司其职、密切配合，形成运转协调、高效有序的工作机制。

第六条 在管理中，镇属各相关行政执法部门应当依法、公开、公正、文明执法；在执法时，行政执法人员应当向当事人出示执法证件。

第七条 加强公民道德教育，不断提高全镇公民素质和文明程度。管理中涉及公民、法人及其他组织利益的重大问题，采取听证会、座谈会、登报、网络发布等形式听取意见，保障全镇公民的民主权利，任何单位和个人有遵守本办法的义务，对违反本办法的行为有劝阻、举报的权利。对在光禄古镇管理中作出显著成绩的单位和个人，由镇人民政府给予表彰奖励；对不履行职责或不服从管理的，将进行通报批评，并按有关规定进行处理。

第二章　规划与建设管理

第八条　光禄古镇规划在上级有关部门指导下，由镇人民政府依照《村镇规划标准》组织编制。

第九条　光禄古镇的总体规划和建设规划经镇人大主席团审查同意后，报县人民政府审批，详细规划报县规划行政主管部门审批。

第十条　任何组织和个人不得擅自改变已经批准的光禄古镇规划。确需修改时，由镇人民政府根据当地经济和社会发展需要进行调整，并按程序进行报批。

第十一条　光禄古镇规划区内的土地利用和各项建设必须符合古镇规划，服从规划管理。任何单位和个人必须服从镇人民政府根据光禄古镇总体规划作出的调整用地决定。

第十二条　建设规划用地批准后，任何单位和个人不得改变土地使用性质和范围。在村镇规划选址意见书、村镇建设许可证发放后，因依法修改古镇规划给被许可人合法权益造成损失的，应当依法给予补偿。

第十三条　各单位在光禄古镇规划区内新建、扩建和改建的项目，必须按程序办理选址意见书、建设用地规划许可证、建设工程规划许可证。

选址意见书办理程序：建设单位持项目批准文件，向镇村镇规划建设管理所提出申请，出具初审意见后报县规划主管部门进行规划审查、审批核发选址意见书并向社会公示。

建设用地规划许可证办理程序：建设单位持项目批准文件、规划设计总图或初步设计方案，向镇村镇规划建设管理所提出申请，并提交以下文件，初审合格后报县规划主管部门进行规划审查、审批核发建设用地规划许可证，并向社会公示。

1. 建设项目定点的书面申请，内容包括用地性质、位置、用途、面积及环境要求等；

2. 经有关部门批准的项目设计文件；

3. 根据城市坐标、高程系统测绘的 1：1000 或 1：500 地形图和测量定位图；

4. 规划设计总图和初步设计方案；

5. 城市规划行政主管部门要求提供的其他与建设用地有关的文件资料。

建设工程规划许可证的办理程序：建设单位持项目批准文件、建设用地证件向镇村镇规划建设管理所提出申请，初审符合要求的报县规划主管部门对建设项目设计方案、施工图纸进行审查，符合古镇规划的核发建设工程规划许可证。建设单位在取得《建设工程规划许可证》后，方可申请办理开工手续。

第十四条　在光禄古镇规划区内新建、扩建、改建（含拆旧翻新）需占用土地建房的农户，必须办理《云南省村镇建设许可证》。

云南省村镇建设许可证办理程序：由建房农户持建房申请书、设计方案，并经村（居）委会、光禄国土资源所批准后，向光禄村镇规划建设管理所提出申请，由光禄村镇规划建设管理所依照古镇规划进行审查，符合要求的核发云南省村镇建设许可证。

住户取得云南省村镇建设许可证后，方可开工建设，同时要按规划要求进行新建、扩建、改建，否则，将按违规建筑论处，不予办理产权手续。

第十五条　在光禄古镇规划区内建设临时性建筑，必须经村（居）委会、光禄国土所及光禄村镇规划建设管理所审核同意，并报镇人民政府审查批准后方可建设，临时性建筑必须在批准的使用期限内使用，到期或国家集体建设需要时必须自行无条件拆除。禁止在批准临时使用的土地上建设永久性建筑、构筑物和其他设施，临时性建筑影响近期建设规划或者控制性详细规划的实施及交通、镇容镇貌、安全等，不得批准。

第十六条　对在光禄古镇内有违法用地及建设行为或者不按规划审批要求进行施工的建设单位和个人，在其违法违规行为的处理未结案之前，有关部门应暂缓审批该单位和个人的其他建设项目。

第十七条　工程建设单位应当严格执行国家安全生产的有关规定，科学合理设置安全设施、安全标志，施工工地必须设置高度不低于 1.8 米的围挡设施。禁止在街面和人行道上堆放沙石和其他物资。

第十八条　光禄村镇规划建设管理所有权对光禄古镇规划区内的建设工程是否符合规划要求进行检查。被检查者应当如实提供相关情况和资料，检查者有责任为被检查者保守技术和业务秘密。

第三章　镇容镇貌和环境卫生管理

第十九条　各种建筑物、构筑物以及临街门面，使用人或产权人必须适时进行清洗、整饰，保持其整洁、美观。禁止在街道两侧以及临街建筑物的阳台、门窗、屋顶外或者其他公共场所、公共设施上吊挂、晾晒和堆放影响镇容镇貌的物品。如有违反，由光禄镇城镇管理执法中队依法进行处理。

第二十条　禁止在古镇主要街道的临街建筑物上设置防盗笼（栏）。临街建筑物禁止在人行道上设置彩钢瓦、薄膜等遮阳雨篷，如有违反，由光禄镇城镇管理执法中队依法进行处理。

第二十一条　任何单位和个人在古镇上设置画廊、橱窗、宣传板、标示牌、霓虹灯、彩旗、布标、招牌等，其内容和样式必须经光禄镇城镇管理执法中队审批，按指定的地点和要求设置，国家、集体建设项目需要占用时，必须无条件拆除。对已破旧并影响镇容镇貌的，由产权单位或使用人及时更新和拆除。未经许可，任何单位和个人禁止在白塔路、龙翔街、龙华路古镇街道上悬挂跨越式布标（横穿街道两侧）。

第二十二条　任何单位和个人禁止在人行道上占道经营，不得擅自占用道路、绿地等公共场所从事车辆清洗、维修、焊接、堆货等业务，如有违反，由光禄镇城镇管理执法中队依法进行处理。

第二十三条　收购废旧物品的经营者，应当保持收购场所整洁，禁止在光禄集镇街道上乱堆乱放。废旧物品存储场所的经营者必须对废旧物品采取围挡、遮盖等措施，不得污染周围环境，如有违反，由光禄镇城镇管理执法中队依法进行处理。

第二十四条　禁止下列行为：

（一）擅自在建筑物外侧、绿化树木和公用设施等构筑物上钉、挂、贴、刻、写、画等；

（二）随地吐痰、便溺、乱扔果皮、纸屑、烟头等废弃物；

（三）擅自拆除、移动、封闭、挪用或者损坏环境卫生设施及其附属设施；

（四）在街道及公共区域乱倒垃圾、污水，任意堆放杂物；

（五）擅自占用街道摆摊设点、占道经营及乱停乱放；

（六）在露天场所和移动垃圾箱内焚烧树叶等废弃物；

（七）在移动垃圾箱和垃圾池倾倒建筑垃圾；

（八）其他影响镇容镇貌和环境卫生的行为。

第二十五条　环境卫生责任区的划分：白塔路、龙翔街、凤翥街、龙华路、古镇南关街、回型街、东关街、西关巷道及古镇西路、光七公路、饮光石箐卫生由光禄镇城镇管理执法中队负责；其余居民聚居点（如西关小区及西关传统村落、朝阳特色村庄、赵家、赵家特色村庄等）由所属村（居）委会负责；有关单位管理的公共场所、车站、公共绿地、集贸市场、停车场、公路的环境卫生，由管理单位或经营单位负责；古镇上住户的环境卫生，由其区域所辖村（居）委会负责监管。商店（亭）、摊点、邮亭、户外广告的环境卫生，由经营者负责；机关、团体、学校、企事业单位的环境卫生由各单位负责。

第二十六条　任何单位和个人，必须按光禄镇城镇管理执法中队规定的时间、地点、方式投放垃圾，并按光禄古镇环境卫生管理收费标准交纳生活垃圾清运费。

第二十七条　医疗、科研、教学、屠宰、生物制品制造等单位产生的有毒有害废弃物，必须依照国家有关法律、法规的规定，进行无害化处理，不得混入生活垃圾或生产废弃物内倾倒排放。禁止任何单位和个人买卖、丢弃和回收使用医疗废弃物；各种动物尸体，应当在远离水源和居住区的地方进行不小于 1 米深埋或者火化等无害化处理，禁止随意丢弃。

第二十八条　处置建筑垃圾的单位和个人，必须向光禄村镇规划建设管理所提出申请，按照核准范围和要求进行处置，不得随意倾倒、抛撒、堆放建筑垃圾，在运输过程中不得沿途丢弃、遗撒建筑垃圾。

第二十九条　从事运载的车辆，不得对古镇街道和环境造成污染，运载垃圾、粪便、沙石、渣土、粉尘物等的车辆，应当严密封闭，并在指定的地点倾倒填埋。运载车辆必须将车轮清理干净后方可上路行驶。进入古镇的畜力车须按指定道路、场地行驶、停放，不得洒漏粪便和饲料。

第三十条　饲养宠物的，不得在古镇公共场所放养、排泄大小便，不得影响居民的正常生活，对有可能伤害他人的宠物，不得带入公共场所，应实行圈养并须严加看管。单位和个人饲养的犬只，须按规定到光禄派出所办理准养证。饲养的宠物必须到光禄畜牧兽医站进行预防接种。任何单位和个人严禁在古镇上放养畜禽，违者，由光禄镇城镇管理执法中队按照有关规定和要求进行处理。

第四章 绿化管理

第三十一条 新建、扩建、改建项目的绿化用地面积占建设项目总用地面积的比例，必须符合下列规定：

（一）学校、机关、团体、公共文化设施、医院、宾馆、企事业单位的附属绿地，不得低于单位总用地面积的35%，其他单位的附属绿地面积不得低于单位总用地面积的30%；

（二）居住小区的绿化面积，不得低于总用地面积的30%；旧居住区改造，绿化面积不得少于总用地面积的25%；

（三）产生有害气体及其他污染企业的绿地率不得低于30%；

（四）街道绿化带面积不得少于道路总用地面积的25%；

（五）公园设计突出植物景观，绿化面积应占陆地总面积的70%以上。

第三十二条 街道绿化以种植树木为主，实行乔、灌、花、草的合理搭配，街道绿化树应选用具有光禄特色、适应光禄自然生长条件的树种，倡导古镇绿地的认建、认养、认管等绿化活动；积极推行建筑物、屋顶、墙面等方面的立体绿化。

禁止砍伐或者迁移古树名木及古镇绿化树木，因特殊需要砍伐、迁移古树名木的须按相关规定办理手续；砍伐迁移古镇绿化树木的，须经镇人民政府批准。

禁止损坏草坪、绿篱、树木、花坛、园林建筑及其他古镇绿化公共设施。

禁止侵占公共绿地、单位附属绿地，确需改变绿地用途的，须经镇人民政府批准。

禁止就树搭房搭架、在树上架设电线、在树下搭灶生火以及在绿地内停放车辆、乱扔废弃物、挖坑取土等行为。

电力和通信等公共设施建设要注意保护行道树和绿化带，影响电力和通信网线的行道树要在光禄村镇规划建设管理所的指导下定期修剪。

第三十三条 各种新建管线应当避开现有绿地，确实无法避开的，在施工前应当征得光禄村镇规划建设管理所的同意，并采取相应补救措施。

第三十四条 古镇绿地养护管理：公共绿地、古镇街道行道树，由光禄村镇规划建设管理所负责；单位附属绿地由各单位负责。

第五章 公用工程设施管理

第三十五条 光禄古镇上的公用工程设施，应当与周围环境相协调，并维护和保持设施完好、整洁。

第三十六条 在古镇街道和其他公共场所设置的交通、通信、邮政、电力、环境卫生等各类设施，应当按照有关规定和规范的要求设置，保持完好和整洁美观，出现破旧、污损或者缺失的，所有权人或者维护管理单位应当及时维修、更换、清洗或补设。

第三十七条 古镇街道必须保持完好、整洁和畅通，任何单位和个人禁止占用古镇街道建设商业服务网点、搭盖棚屋、堆物、设置广告标志及进行各种作业。因特殊情况确需占用古镇街道的，必须向光禄村镇规划建设管理所申请办理临时占用许可证，并报镇人民政府批准。

第三十八条 经许可临时占用古镇街道的单位或个人，必须严格按照许可的时间、地点、面积和使用性质使用。不得损坏古镇街道设施，不得建造永久性建筑物。占道结束后，应及时将路面清理干净、恢复原状，并报请光禄村镇规划建设管理所进行检查验收。

第三十九条 经许可临时占用古镇街道、广场等公共场所举办文化、商业等活动的，应保持公共场所整洁，举办单位应当按照要求设置环境卫生设施，及时清除垃圾及废弃物等，活动结束后，应当及时清除所设置的设施。

第四十条 任何单位和个人不得挖掘古镇街道，确需挖掘古镇道路的单位或个人，必须向光禄村镇规划建设管理所申请办理古镇道路挖掘许可手续，经镇人民政府批准，并按规定交纳古镇道路挖掘路面修复费后，在光禄村镇规划建设管理所的监督下方可挖掘。

第四十一条 因紧急抢修其他古镇公用工程设施，需立即挖掘古镇道路的，应及时报告光禄村镇规划建设管理所，并在开挖 3 日内按照规定补办手续。

第四十二条 依附古镇道路的各种管线、杆线，地下各种管线的设置，须经光禄村镇规划建设管理所批准，方可实施。

第四十三条 光禄古镇实行统一供水、有偿使用，计划供水、节约用水。在光禄古镇规划区范围内严格控制取用地下水，确需取用地下水的，按照规定报相关部门审批。

第四十四条 不准擅自拆除、改装供水、排水公用管线；不准在公用供水管道上直接装泵抽水；不准擅自将自建供水管网设施与公用管网系统连接；不准将再生水供水设施与公共设施直接连接；严禁向供排水设施排放有毒、有害、易燃、易爆或者易堵塞管道的物质。

第四十五条　严禁损坏古镇照明设施，禁止下列行为：

（一）擅自拆除、迁移、改动照明设施；

（二）擅自接用、切断照明线路；

（三）擅自在照明设施上架设、安装、悬挂、张贴广告、标牌、灯箱、条幅及其他非道路照明使用的线路和设施；

（四）在照明设施周围 3 米内搭棚围栏、堆放杂物、挖坑取土、建造建筑物、倾倒废渣、废水和使用明火作业。

第四十六条　公共交通设施及其他公用工程设施按照有关法律、法规管理。

第六章　环境保护

第四十七条　在光禄古镇建成区内，禁止焚烧沥青、油毡、橡胶、塑料、皮革以及其他产生有毒有害烟尘和恶臭气体的物质。饮食服务业的经营者，以及排放恶臭气体的排污单位，必须采取治理措施，防止油烟或恶臭气体对附近居民造成污染。

第四十八条　禁止下列行为：

（一）在商业经营活动中使用边界噪声超标准的设备、设施；

（二）对周围居民生活造成严重影响的经营活动和家庭室内娱乐活动；

（三）其他产生噪声污染较大的行为。

第四十九条　禁止向水体倾倒、排放下列物质：

（一）含有汞、镉、砷、铬、铅、氰化物、有机磷化物等有毒有害物质；

（二）放射性固体废弃物、油类、酸液、碱液等废液或者含有中、高放射性物质的废水；

（三）生活垃圾、工业废弃物；

（四）排放含病原体的污水；

（五）其他影响水体质量的污染物。

第七章　古镇道路交通安全管理

第五十条　禁止各类机动车在光禄古镇主要街道上随意停放、违章调头、超车、倒车、试车和超速行驶。

第五十一条　在主要街道路段内装卸货物的机动车，必须到光禄派出所办理有关手续，领取“此车正在装货”或“此车正在卸货”牌，并在规定的时间、指定的地点装卸货物。

第五十二条　机动车、非机动车、行人要文明礼貌通行。

第五十三条　除县交通运政管理部门和县公安局交通管理部门审定的客运车辆，其他车辆一律不得在光禄镇境内进行客运活动。

第五十四条　农村客运车辆及过境客运运输车辆，必须按县交通运政管理部门和光禄派出所指定的停靠点、行驶路线进行营运活动。

第五十五条　现有自用车辆，必须在车辆上喷涂放大“自用”标识，自用车辆不得从事载客等营运服务。

第五十六条　任何单位和个人须按镇人民政府划行归市的要求进行街道摆摊设点，同时不得在街道上打场、晒物和从事其他影响交通秩序的活动。

第五十七条　驾驶和乘坐二轮摩托车必须戴安全头盔，乘坐人员不准侧坐或倒坐，严禁自行车带人。

第八章　市场管理

第五十八条　光禄古镇市场管理，坚持划行归市、归店经营的管理原则，规范市场秩序。

第五十九条　市场经营应当体现公平交易、文明经营、诚实守信的原则，禁止随地交易、无证经营。

第六十条　食品生产经营单位的生产经营活动须符合有关法律、法规的规定，禁止在经营场所饲养宠物，禁止经营腐烂变质、有毒有害、病死毒死或死因不明的禽、畜、兽、水产品等类。

第六十一条　加强药品市场管理，严禁生产经营不符合国家标准和规定的药品、器械。禁止非专业技术人员从事医药、器械生产经营活动。加强医疗市场管理，严禁非法行医。

第六十二条　禁止在学校、医院、机关、居民住宅区设立文化娱乐场所。歌舞厅、营业性音像等娱乐场所的边界噪声，应当符合国家规定的环境噪声标准；禁止在中小学周边 200 米范围内和居民住宅楼（院）内设置互联网上网服务营业场所、电子游戏室。互联网上网服务营业场所不得接纳未成年人进入，并在营业场所入口处的西里位置悬挂

“未成年人禁止进入”标志。

第六十三条　在文化市场经营活动中，禁止下列行为：

（一）制作、出版、经营盗版及内容反动、色情、淫秽、封建迷信、暴力凶杀的报刊、音像制品、出版物；

（二）利用文化经营场所进行色情服务或赌博；

（三）海报、招牌等广告内容虚假或以色情、暴力的画面或文字招揽观众。

第六十四条　在文化娱乐活动中，禁止下列行为：

（一）通过各种形式传播内容反动、色情、淫秽、凶杀、封建迷信的书刊及音像制品；

（二）利用麻将、扑克等进行赌博；

（三）进行封建迷信活动；

（四）使用盗版音像制品、出版物。

第九章　罚　则

第六十五条　对违反本办法规定的单位和个人，由规划、环保、公安、卫生、交通、文化、国土资源等相关职能部门视情节轻重，依照有关法律、法规的规定予以处罚。

第六十六条　在管理中，执法人员玩忽职守、滥用职权、徇私舞弊的，由其所在单位或上级主管部门给予行政处分；造成损失的，依法予以赔偿；构成犯罪的，依法追究刑事责任。

第十章　附　则

第六十七条　本办法由光禄村镇规划建设管理所负责解释。

第六十八条　本办法自印发之日起施行。

光禄古镇新区居民管理办法

第一条　为规范古镇新区居民管理活动，提高居民素养，规范居民行为，达到“生产发展、生活富裕、乡风文明、村容整洁、管理民主”的目标，建设文明、平安、和谐新区，根据《中华人民共和国城市居民委员会组织法》等有关规定，结合古镇新区实际，经光禄社区全体居民代表讨论通过，特制定本办法，每个居民都必须自觉遵守并受其约束。

第二条　凡居住在古镇新区的常住、流动人员，必须服从光禄社区居委会的统一管理。

第三条　光禄社区居委会根据古镇新区的具体情况制定相关管理制度。

第四条　古镇新区内环境卫生、绿化实行“门前三包”，严禁垃圾乱倒乱放现象和故意毁坏花草树木及公共设施。

第五条　古镇新区居民装修不准破坏新区风貌，外墙不准贴瓷砖，不准拆除仿古门窗安装卷帘门，不准在楼顶安装太阳能，可以安装空气能，但空气能、水箱高度必须控制在 1.2 米以内；不准破坏新区风貌，禁止搭建彩钢瓦、树脂瓦、铝瓦、玻璃顶，禁止拆建或加层，禁止在人行道上乱搭乱建，禁止在房屋外墙张贴、悬挂宣传标语、布标、广告牌、广告纸。

第六条　古镇新区所有门窗油漆老化时只准用无色青光漆，不准喷真石漆等新型装饰材料。

第七条　古镇新区严格遵守划行归市标准，只准医疗卫生、文教、娱乐、服务类商品、百货、餐饮、移动、住宿等入市，不准丧葬用品、建材、机动车维修、洗车等入市，所有商品（包括蔬菜、水果、米线、凉粉等）必须进店经营。

第八条　新区居民应正确处理相邻关系，禁止放养鸡、狗、猫等禽畜，禁止在公共场所采用明火煮饭，禁止在公共场所堆放杂物，不得以任何方式影响他人正常生活，确保和谐相处；不得从事违法犯罪、有害社会公德与社会风化、有害新区管理与建设等活动，不得组织或参与反动、邪教等组织，不得从事封建迷信活动。

第九条　新区居民不得侮辱、谩骂、殴打社区工作人员，不得借酒滋事，干扰、破坏新区和各项管理活动，不得哄闹、冲击、打砸办公场所及设施。

第十条　新区居民不得拉帮结伙、聚众或煽动闹事、非法集会、破坏新区环境与建设，不得破坏新区管理工作秩序与新区公共设施，不得阻挠、妨害新区管理工作。

第十一条　新区居民有维护新区设施完好、确保一切新区建设活动的顺利开展、保护新区环境、保障各项制度贯彻实施的义务。

第十二条　新区居民自觉维护小区的整洁、美观，保持小区的公共卫生，禁止高空抛物；爱护小区内道路、球场、绿化、供电、供水设施、供气、排水、有线电视、消防、安全、路灯、电闸、治安室等公用设施。

第十三条　严格遵守公共生活秩序，禁止在公共场所或违反规定在房屋堆放易燃、易爆、剧毒、放射性物品和其他有毒物质，不得发出影响其他住户正常生活的噪声。

第十四条　新区内车辆一律停放在停车位上或停车场内，不得乱停乱放。

第十五条　新区居民严禁拆改房屋承重结构；严禁拆凿共用墙壁、天花板及地板。

第十六条　如有违反新区管理规定的行为，自光禄居委会发现查处之日起，由社区居民自行纠正、整改，拒不整改的，居委会有权采取相应措施进行处罚。

光禄社区村规民约

一、遵国法　守村规　公共财　不可毁

二、学科学　反邪教　移风俗　不迷信

三、尊师长　爱幼小　对儿女　不娇惯

四、致贫困　有因起　寻症结　众人帮
五、有政府　为主体　工作队　驻村乡
六、新思路　新观念　共帮扶　奔小康
七、勤致富　俭持家　树家风　不浪费
八、邻里间　和为贵　相互帮　不添乱
九、夫妇情　恩爱深　讲平等　不吵嘴
十、外来客　如亲友　多帮助　不欺生
十一、尊国策　优生育　儿和女　不歧视
十二、讲卫生　爱环境　乱占堆　不可为
十三、为村邻　群防治　见勇为　不旁观

朝阳村村规民约

朝阳村　是宝地　将你我　来养育　荷塘边　创文明
家园美　要珍惜　建设好　新农村　本条约　要牢记
爱国家　爱集体　跟党走　志不移　讲和谐　创业绩
谋发展　同受益　务正业　谋生计　勤劳作　共富裕
立新风　树正气　不赌博　无劣迹　讲卫生　好习气
环境美　有秩序　倒垃圾　不随意　砖瓦柴　摆整齐
猪狗羊　鸭兔鸡　要围养　重管理　建房子　经审批
同风貌　共美丽　爱道路　护花草　公家物　要爱惜
用水电　不违纪　遵章法　守规矩　公益事　要积极
讲贡献　不贪利　好青年　服兵役　戍边疆　保社稷
倡晚婚　讲优育　生男女　都满意　娶儿媳　嫁女儿

破旧俗 创新意 丧事简 惜土地 听安排 不挑剔
敬老人 尊伦理 爱儿童 重教育 邻里间 有情谊
互帮助 如兄弟 和为贵 行礼仪 宽待人 严律己
此条约 大家立 执行好 都受益

艺文目录

光禄镇乡人著作一览表

表 11

作者	著述名称	年代	收藏情况
高[illegible]	高氏族谱	明	姚安县博物馆
高奣映	太极明辩	清	云南省图书馆
	理学西铭补述	清	民国《姚安县志》存目
	就正录	清	民国《姚安县志》存目
	理学粹	清	民国《姚安县志》存目
	增订来氏易注	清	云南省图书馆
	等音声位合汇	清	民国《姚安县志》存目
	药师经参礼	清	姚安县博物馆
	金刚慧解	清	云南省图书馆
	心经发微	清	民国《姚安县志》存目
	心印经解	清	民国《姚安县志》存目
	定观经注	清	民国《姚安县志》存目
	胎息经解	清	民国《姚安县志》存目
	四书翊注	清	民国《姚安县志》存目
	书经龙睛点	清	民国《姚安县志》存目
	道德经注解	清	民国《姚安县志》存目
	庄子寻脉解	清	民国《姚安县志》存目
	春秋时义	清	民国《姚安县志》存目
	大学心微	清	民国《姚安县志》存目
	研经髓	清	民国《姚安县志》存目

续表 11

作者	著述名称	年代	收藏情况
高奣映	鸡足山志	清	云南省图书馆
	问愚录	清	民国《姚安县志》存目
	蜀风采	清	民国《姚安县志》存目
	史鉴	清	民国《姚安县志》存目
	舆史合参	清	民国《姚安县志》存目
	雪山游草	清	民国《姚安县志》存目
	滇鉴	清	云南省图书馆
	备翰	清	民国《姚安县志》存目
	结嶙山草	清	民国《姚安县志》存目
	非非草	清	民国《姚安县志》存目
	索居吟	清	民国《姚安县志》存目
	梅村集	清	民国《姚安县志》存目
	菩提树词集	清	民国《姚安县志》存目
	艺翰	清	民国《姚安县志》存目
	蜀江吟	清	民国《姚安县志》存目
	春雪吟	清	民国《姚安县志》存目
	五华吟	清	民国《姚安县志》存目
	享西堂草	清	民国《姚安县志》存目
	问香集	清	民国《姚安县志》存目
	笔余诗集	清	民国《姚安县志》存目
	绿山诗草	清	民国《姚安县志》存目
	诗范	清	民国《姚安县志》存目
	西厢卖书解	清	民国《姚安县志》存目
	声鹤亭稿	清	民国《姚安县志》存目
	捣月吟	清	民国《姚安县志》存目
	鸡山杂咏	清	民国《姚安县志》存目
	嚣嚣草	清	民国《姚安县志》存目
	慧香阁辞丽	清	民国《姚安县志》存目
	懿文馆课艺	清	民国《姚安县志》存目
	维风权宜	清	民国《姚安县志》存目

续表 11

作者	著述名称	年代	收藏情况
高奣映	迪孙	清	云南省图书馆
	醉翁楼记	清	民国《姚安县志》存目
	巴怡集	清	民国《姚安县志》存目
	引经志	清	民国《姚安县志》存目
	贞明内外集	清	民国《姚安县志》存目
	易占汇考	清	民国《姚安县志》存目
	点星指掌	清	民国《姚安县志》存目
	天文要旨	清	民国《姚安县志》存目
	高氏家范	清	民国《姚安县志》存目
	隐橘羹谈	清	民国《姚安县志》存目
	括囊编	清	民国《姚安县志》存目
	知非集	清	民国《姚安县志》存目
	研经髓	清	民国《姚安县志》存目
	鸟兽草木状	清	民国《姚安县志》存目
	备斋闲话	清	民国《姚安县志》存目
	慎独楼静言	清	民国《姚安县志》存目
	镫楼畅言	清	民国《姚安县志》存目
	环玉楼送客高谈	清	民国《姚安县志》存目
	醉翁楼醉语	清	民国《姚安县志》存目
	揖升楼壮语	清	民国《姚安县志》存目
	仪偶	清	民国《姚安县志》存目
	功过合刻	清	民国《姚安县志》存目
	雪君六十戒	清	民国《姚安县志》存目
	仁育集要	清	民国《姚安县志》存目
	葆婴辑要	清	民国《姚安县志》存目
	太极缘	清	民国《姚安县志》存目
	双丸合七权宜	清	民国《姚安县志》存目
	四雅求	清	民国《姚安县志》存目
	如意珠	清	民国《姚安县志》存目

续表 11

作者	著述名称	年代	收藏情况
马驷良	景贤录	清	民国《姚安县志》存目
	养云草堂诗集	清	民国《姚安县志》存目
	弥溪怀安桥记	清	民国《姚安县志》存目
张廷用	淡极斋诗草	清	民国《姚安县志》存目
高乃裕	焚余集	清	民国《姚安县志》存目
高厚德	望云集	清	民国《姚安县志》存目
夏诏新	夏氏宗谱	清	民国《姚安县志》存目
黄中理	诗集	清	民国《姚安县志》存目
赵鹤清	滇南名胜图	民国	云南省图书馆
	松泉游草	民国	云南省图书馆

主要参考文献

由云龙、刘德修等编纂，楚雄州地方志办公室、姚安县地方志办公室联合校注：民国《姚安县志》，云南人民出版社，1988 年。

云南省姚安县地方志编纂委员会编纂:《姚安县志》，云南人民出版社，1996 年。

云南省姚安县地方志编纂委员会编纂:《姚安县志（1988—2005）》，云南人民出版社，2019 年。

尤中:《云南民族史》，云南大学出版社，1994 年。

杨成彪主编:《楚雄彝族自治州旧方志全书·姚安卷（上、下）》，云南人民出版社，2005 年。

姚安县委党史征集研究室编:《中国共产党姚安县历史》，云南民族出版社，2014 年。

云南省文史研究馆编:《高奣映研究文集》，云南美术出版社，2006 年。

楚雄彝族自治州地方志编纂委员会编:《楚雄彝族自治州志》，人民出版社，1993 年。

姚安县博物馆编:《姚安县文物志》，内部刊印，1987 年。

姚安县文化馆编:《姚安县文化馆志》，内部刊印，1987 年。

姚安县民族事务委员会编:《姚安县民族志》，内部刊印，1988 年。

姚安县民政局编:《姚安县民政志》，内部刊印，1988 年。

光禄区公所编:《光禄区概况》，内部刊印，1987 年。

编后记

光禄镇是中国历史文化名镇，也是楚雄州古镇文化走廊的四大名镇之一。在实施乡村振兴战略、加快推进城镇化的进程中，为了厚植文化根基、开发旅游文化资源，楚雄州委、州人民政府提出编纂出版《光禄镇志》，并争取进入中国名镇志文化工程的工作目标，随后姚安县着手筹备《中国名镇志丛书·光禄镇志》（以下简称《光禄镇志》）编纂工作。2018 年 12 月，姚安县人民政府成立光禄镇志编纂委员会，制定《光禄镇志》编纂出版工作方案，把所需经费列入财政预算，正式启动编纂出版工作。

光禄镇党委、镇人民政府高度重视，及时组建《光禄镇志》编辑部，组织各村（居）委会、镇级部门共同参与资料收集、文字撰写、编纂和修改完善等环节。2019 年 2 月，光禄各村（居）委会、镇级机关完成相关资料收集之后，镇人民政府组织文字功底深厚的镇村干部撰写文稿。鉴于光禄镇编纂能力有限的实际，聘请姚安县人大常委会退休干部朱德宣撰写涉及历史文化部分内容，并负责统稿工作。2019 年 8 月，《光禄镇志》经过 3 次修改，形成初稿，送交县地方志办公室。

2020 年 1 月，姚安县地方志办公室全面完成第二轮县志编修工作之后，把精力集中到乡土志编纂出版上来，由李万福、张晓俊对《光禄镇志》稿件进行内容补充和修改完善。后期编纂过程中，姚安县地方志办公室认真贯彻落实 2019 年 6 月在苏州召开的全国地方志系统“两全目标”工作调度会议暨中国名镇志、中国名村志丛书编纂业务培训班和中国影像志研讨会精神，对照《中国名镇志文化工程实施方案》（2019 年修订），调整《光禄镇志》篇目设置，修改补充志稿内容；查阅历史文化、民族、宗教、旅游开发等方面的资料，邀请县内部分老干部、专家给予指导和修改；采访光禄镇部分居民，仔细查阅家谱、碑记等资料，广泛征求县级相关部门和社会各界的意见。

2020 年 7 月，姚安县光禄镇志编纂委员会成员认真审读《光禄镇志》，并在专题会议上进行讨论、审查。8月24日，楚雄州地方志办公室召开会议审查《光禄镇志》。经再次修改完善后，于9月22日报云南省地方志办公室审查。12月，报中国地方志指导小组办公室审查。2021年5—6月，按照中国地方志指导小组办公室反馈意见修改。2022年6月通过方志出版社质检，10月再次修改完善后送方志出版社质检，并进入出版流程。

《光禄镇志》编纂出版得到中国地方志指导小组办公室、云南省地方志办公室、楚雄州地方志办公室的指导和帮助，袁丽萍、赵芳、方爱琴、代燕春、张炳贵、宣勤、郑灵琳、何燕、彭利侯、周有方、朱卫明、杞华仙等专家对志稿进行多次修改，付出了大量的心血。上海市摄影协会理事、大姚县人民政府副县长陈路以及姚安县内部分摄影爱好者提供了大量精美的入志照片。征求意见过程中，得到了社会各界、有关专家学者及老领导、老同志的鼎力支持。在此，谨向付出辛勤劳动的各位领导、专家、编纂人员和提供帮助的各界人士，表示衷心的感谢。

由于编纂者水平有限，书中难免有错漏和失误之处，敬请各级领导、修志同人、社会各界人士和广大读者批评指正。

编　者

2022年9月

光禄古镇牌楼（2018 年）

中国名镇志丛书

《周庄镇志》
《第一关镇志》
《钱清镇志》
《冶源镇志》
《角直镇志》
《同里镇志》
《三阳镇志》
《枫泾镇志》
《李庄镇志》
《天穆镇志》
《虎门镇志》
《小榄镇志》
《北庭镇志》
《青木川镇志》
《永宁镇志》
《沙家浜镇志》
《虞山镇志》
《泽国镇志》
《南翔镇志》
《千灯镇志》
《东山镇志》
《巴城镇志》
《阳澄湖镇志》
《松口镇志》
《震泽镇志》
《黎里镇志》
《浏河镇志》
《锦丰镇志》
《寨市苗族侗族乡志》
《汤池镇志》(安徽)
《湾头镇志》
《中心店镇志》
《乌镇志》
《保安镇志》
《德凤镇志》
《瑷珲镇志》
《王家坪镇志》
《穆云畲族乡志》
《北京街道志》
《王村镇志》
《八一镇志》
《双林镇志》
《棘洪滩街道志》
《凤凰镇志》
《烟店镇志》
《光福镇志》
《梅李镇志》
《高家堡镇志》
《杨岭镇志》
《金港镇志》
《云梯畲族乡志》
《马口镇志》
《杨舍镇志》
《杨店镇志》

《河图镇志》
《浔中镇志》
《孤山镇志》
《汤池镇志》（湖北）
《伍洛镇志》
《汤家汇镇志》
《陇城镇志》
《塘桥镇志》
《兴隆华侨旅游经济区志》
《胜坨镇志》
《来凤街道志》
《木渎镇志》
《锦溪镇志》
《黄龙溪镇志》
《店塔镇志》
《镇湖街道志》
《北七家镇志》
《瓜洲镇志》
《安仁镇志》
《浦口镇志》
《唐崖镇志》
《和顺镇志》
《老城镇志》
《里耶镇志》
《芙蓉镇志》
《博鳌镇志》
《唯亭街道志》
《重安镇志》
《炯炀镇志》
《张谷英镇志》
《鸦滩镇志》
《玉皇庙镇志》
《木洞镇志》
《采育镇志》
《下司镇志》
《德平镇志》
《龙池镇志》
《浦市镇志》
《黄楼街道志》
《冉庄镇志》
《金庭镇志》
《石牌镇志》
《元和街道志》
《古现街道志》
《光塔街道志》
《邵伯镇志》
《石杨镇志》
《杨柳青镇志》
《天桥街道志》
《柘皋镇志》
《西沱镇志》
《咸水沽镇志》
《茶阳镇志》
《崖城镇志》
《中山镇志》
《石龙镇志》
《长安镇志》
《光禄镇志》
《洛带镇志》
《临涣镇志》
《元坑镇志》
《历阳镇志》